瓜飯樓外集　第七卷

瓜飯樓藏紫砂壺

馮其庸　藏録

商務印書館

圖書在版編目(CIP)數據

瓜飯樓藏紫砂壺/馮其庸藏録.—北京:商務印書館,2024
(瓜飯樓外集)
ISBN 978-7-100-23079-7

Ⅰ.①瓜… Ⅱ.①馮… Ⅲ.①紫砂陶—陶瓷茶具—中國—圖録 Ⅳ.①K876.32

中國國家版本館CIP數據核字(2023)第185601號

特邀編輯:汪大剛
攝　　影:汪大剛　甘永潔
版式設計:姚偉延　張晶晶

瓜飯樓外集
第七卷
瓜飯樓藏紫砂壺
馮其庸　藏録

商　務　印　書　館　出　版
(北京王府井大街36號　郵政編碼100710)
商　務　印　書　館　發　行
北京雅昌藝術印刷有限公司印刷
ISBN 978-7-100-23079-7

2024年1月第1版　　開本710×1000　1/8
2024年1月北京第1次印刷　　印張21½
定價:660.00元

辰饮楼外集

黄中百岁

题签 姚奠中

瓜飯樓外集

顧問　謝辰生　鄭欣淼　王炳華　王文章

主編　馮其庸

助編　高海英

一、馮其庸與顧景舟、高海庚在瓜飯樓合影

二、唐雲來瓜飯樓欣賞曼生銘高虛扁壺

三、馮其庸夫婦與楊仁愷

四、馮其庸與楊仁愷、徐秀棠夫人陳鳳妹

五、高海庚工作照

六、馮其庸與徐秀棠、高振宇

七、馮其庸在壺上題字

八、徐秀棠在壶上刻字

九、馮其庸與周桂珍

一〇、馮其庸與高振宇、徐徐

一一、周桂珍工作照

一二、高振宇工作照

一三、徐徐工作照

一四、在瓜飯樓合影。左起：高振宇、徐徐、馮其庸、高旭陽、夏菉涓、周桂珍

《瓜飯樓外集》總序

我剛出了《瓜飯樓叢稿》，現在又着手編《瓜飯樓外集》，其原因是我的研究方法和研究習慣，都是先從調查每一個專題的歷史資料開始的，如我在講中國文學史的時候，就思考中國原始文化的形成和綜合的過程，因此我調查了全國各地重要的新石器時代文化遺址以及若干先秦、漢、唐時代的文化遺址，在調查中，獲得了不少原始文化資料。一九六四年八月，我隨人民大學的『四清』工作隊到陝西長安縣參加『四清』工作，我被分派在長安縣南堡寨，想不到在那裏我與周宏興同志一起，發現了一個規模極大的原始文化遺址（方圓十多華里），采集到大量的原始陶器、骨器等等，之後我們報告了陝西省考古所，也寫了一份考古報告，報告直到『文革』結束後纔在《考古》雜誌上發表，編輯部的人説由非考古人員寫一份合格的考古報告，這還是第一次。我們帶回的實物，蘇秉琦、郭沫若等專家都看過并認同了。由於愛好，我也從各地的文物市場獲得一些與我的研究課題有關的資料。我的不少原始陶器和彩陶，周、秦、漢、唐的瓦當、陶俑等，就是這樣逐漸積纍起來的。

我在考察中國佛教造像時，也陸續獲得了一批從北魏到唐宋的石刻造像和金銅造像。我爲什麽會重視并喜愛這些造像呢？我讀高一時，美術老師給我們講西洋雕塑怎麽怎麽好，怎麽怎麽偉大，我就奇怪中國爲什麽没有雕塑，後來我到了敦煌、麥積山、炳靈寺、雲岡、龍門，我纔知道我們中國的雕塑如此輝煌，更後來秦始皇陵兵馬俑被發現了，這是震驚世界的發現，它證明我們的雕塑不僅豐富偉大，而且遠遠早於西方，我認爲我們的美術史家應該寫出一部新的中國雕塑史來，因此我想力所能及地爲他們搜集一些散落的資料，而且我也真是搜集到了一些，這就是收在這部外集裏的石刻造像和金銅佛像。

我從小就喜歡刻印，因此一直留心這方面的實物，在『文革』中，在地安門的一家文物商店裏，就先後買到了陳曼生、楊龍石等人的印章，我從各地買到的戰國到秦漢的印章約有六十多枚，我還在新疆和田買到了幾方西部的印章。

由於我特別喜歡篆刻，所以篆刻界的前輩和朋友，也都不斷爲我治印，因此我還積纍了一批現當代名家的刻印。

我還重視古代的石刻墓誌，因爲這是歷史書籍以外的史料，即使是這個人在史書中有所記載，也未必會有這個人的墓誌詳細。古人往往將墓誌稱爲『諛墓文』，意思是説墓誌上總是説好話贊揚的多，這種説法也不是没有道理。但是要區別清楚，一般説好話都是贊揚性的空話居多，如要考證這個人的實際官職之類的歷史事實，墓誌也不至於虛構編造，所以我比較重視墓誌，先後得到了一批重要的墓誌銘，其中特别是一件九十四厘米見方的唐狄仁傑族孫的墓誌銘，尤爲難得。此外還得到一批民間各式各樣的墓誌，使我們對墓誌的瞭解大大豐富了。

『文革』期間，一九七二年，我家鄉挖河，挖出來一個墓葬，墓是明代正德九年（一五一四）的，尸體和衣服完全未腐爛，但發現腦袋是被砍的，死者胸前掛一個黄布口袋，口袋裏裝一份文書，我侄子馮有責把它寄給了我，原來是一份皇帝的『罪己詔』。我將此詔送給故宫博物院，結果故宫博物院的兩派正在武鬥，無人管這件事，又拿了回來，我仍舊保存着。前些年終於無償地捐贈給第一歷史檔案館了。據檔案館的朋友告訴我，皇帝的『罪己詔』實物，全國只此一件。

一九七三年，我家鄉又挖出來一批青銅器，最大的一件銅鑒，有長篇銘文，還有二件銅豆也有同樣的銘文，還有二件無銘文。後來我的侄子馮有責告訴了我，并用鉛筆拓了幾個銘文給我看，我初步看出是楚鑒，銘文也大體能識，我即拿到故宫去找唐蘭先生，唐先生是我老師王蘧常先生的同學好友，我一九五四年剛到北京時，由王蘧常老師作書介紹，第一個就是拜見他，以後也一直有聯繫。唐老看到了我拿去的銘文粗拓件，也肯定是楚器，并囑我想法把它拿到北京來。這事被耽擱了一段時間，最後拿到北京時，唐老已不幸去世了。事後不少專家研究了這個銅鑒，是戰國春申君的故物，根據銘文命名爲『郪陵君鑒』。那時還在『文革』後期，我怕被紅衛兵來砸掉，就告訴南京博物院的姚遷院長。姚院長十分重視，除親自來看過外，還專門派了三個人來取。還一定要付給我錢，我堅决辭謝了，我説我是無償地捐獻給祖國，只要您給我一個收條，我好向家鄉交待。姚院長終於接受了我的意見。現在這批青銅器（共五件）一直被珍藏在南京博物院。

我還喜歡瓷器，也陸續收集積纍了一些，但我收集的是民窑，我欣賞民間藝術，民窑也是民間藝術的一種。我在朋友的幫助下，陸續收集到了一批青花瓷，其中明青花最多。我把民間青花上的紋飾，比作是文人隨意的行書和草書，其行雲流水之意和具象與抽象交合的意趣是官窑所没有的。

我還特别喜歡紫砂器物，二十世紀五十年代初，宜興紫砂廠在無錫有一個出售紫砂壺的店面，那時顧景洲先生常來，我就是在那裏認識他的。之後我常到宜興去看顧老（那時他纔四十多歲，我還不到三十歲），因此認識了高海庚、周桂珍、徐秀棠、汪寅仙、蔣蓉等紫砂大師，我還常給他們在壺上題字。我到北京後，顧老和高海庚也常到北京來，只要他們來，就會來看我。這樣我也陸續收藏了一批紫砂壺，也在文物商店買到過陳曼生等的一些老壺，當時都由顧老爲我鑒定。現在連同他們送給我的茶壺也一并收入本集。

我最早認識明式傢具的藝術價值，是受老友陳從周兄的影響，我倆都是王蘧常先生的學生，他比我年長，他是古典園林專家，又是書畫家，他特别重視明式傢具，爲此他還爲美國大都會博物館設計了一座『明園』，從建築材料到傢具陳設和園中的假山，全都是明代的，連題字也是用的明代書畫家文徵明的字，我一九八一年去美國講學時還專門去看過，所以我對明式傢具的理解和愛好，最早是受從周兄的影響。

之後，我又認識了王世襄先生，記得在『文革』前和『文革』中，他常提着一個小包到張自忠路我宿舍旁的張正宇先生家來，張正宇先生是工藝美術大師，可以説是無所不通。尤其是他的書法真是出神入化，既傳統而又創新。王世襄先生也常常拿着他的書法來向張老請教。而王老對於明式傢具的收藏和研究，在當時是無出其右的。我到王老家去，看到他屋裏堆滿了明式傢具，連自己住的地方都没有，往往就睡在舊傢具上。我於自然之間，也就受到了他的影響，後來又獲交陳增弼先生，他也是明式傢具的專家、收藏者和研究者。二十世紀七十年代我去揚州調查有關曹雪芹祖父曹寅的事，碰巧揚州發掘廣陵王墓，其外椁全是西漢的金絲楠木，每塊長五米有餘，寬有一米多，厚約四十厘米，而且一面是鮮紅的紅漆，一面是黑漆。當時政府就用這些木板作爲民工的工錢發給老百姓，老百姓拿來出售，我就買了一批，後來朋友幫我運到了北京，一擱就是十幾二十年。有一次偶然被陳增弼兄看到了，他大爲稱贊這批木料，説由他來設計一套明式傢具，用這批金絲楠木來做，那會舉世無雙。不幸陳兄突患癌症去世了，但這個計劃却由他的高足苑金章繼承下來了。苑金章兄親自設計并帶領一批人製作，一晃至今已五年有餘，共成三十六件。我看了真是眼花繚亂，原來一塊塊塵土滿身的木板，不想做成傢具後，式樣典雅大氣，而且金光閃閃，異香滿室，真讓我覺得心曠神怡。

在這部《瓜飯樓外集》裏，我還收了《瓜飯樓藏王蘧常書信集》一卷，和《瓜飯樓師友録》三卷。王蘧常先生和錢仲聯先生都是我的終身老師。王先生的章草，是舉世無雙的，日本人説『古有王羲之，今有王蘧常』。他給我的信很多，特别是他九十歲那年，特意爲我寫了十八封信，名曰《十八帖》。没有想到我到上海去拜領了這部《十八帖》後回到北京，只過了五天，他就突然仙逝了。所以這部《十八帖》也就成了他的絶筆。現將這部《十八帖》和他給我的書信、書法單獨結成一集。

錢仲聯先生也是我的終身老師，從一九四六年拜他爲師後，向他問學一直未間斷，他去世前不久，還寫了一首七百字的長詩贈我。寫完這首詩，他喘口氣説：『現在我再也没有牽掛了！』現把他給我的信一并收在《瓜飯樓師友録》裏。《瓜飯樓師友録》裏還有許多前輩和同輩的信，如蘇局仙、郭沫若、謝無量、唐蘭、劉海粟、朱屺瞻、季羡林、任繼愈先生等等。年紀小的學生一輩以下的信因爲篇幅所限，無法盡收，十分遺憾。

這部集子裏，我還收了我的兩部攝影集，一部是玄奘取經之路的專題，另一部是大西部的歷史文化風光的攝影。我前後去陝西、甘肅、寧夏、新疆等地十多次，登帕米爾高原三次，穿越塔克拉瑪干大沙漠二次，入羅布泊、樓蘭、龍城、白龍堆、三隴沙一次。最後一次，在大沙漠中共十七天，既考明了玄奘往返印度取經的國内路綫，也飽賞了帕米爾高原和羅布泊、樓蘭、龍城、白龍堆等大漠的風光，而且我把這些經歷都攝入了鏡頭，這既是我的重要實地調查記録，也是世所罕見的西域風光的實録。

我從小就喜歡書法和繪畫，一直是自學。一九四三年在無錫城裏意外遇見了大畫家諸健秋先生，他十分稱贊我的習作山水，要我到他的畫室去看他作畫，他説『看就是學』。這樣，我就在他的畫室裏前後看了一年，但我上完高一就又失學了，離開了無錫也就看不到諸老作畫了。但諸老的教導我一直默記在心。平時因事忙，我只作一些花卉之類的簡筆，書法的學習則是從小學到高中一直到後來上無錫國專都未間斷。日後也不斷作書法。一九九六年我離休以後，有了時間，就開始認真地作山水，而且我一直喜歡宋元畫，所以也用功臨摹宋元畫。但令我最爲動心的大西部山水，尤其是古龜茲國（庫車）的山水，我則另創別法，用重彩乾筆來表現。我先後開過多次書畫展，出過多次畫册。現在我把這些作品，包括近幾年來的新作和書法，一并編入本集，也算是我在文章以外的另一類學術與藝術的綜合。也許，將這個《外集》和《内集》（《瓜飯樓叢稿》）合起來看，可以看到我在學術和藝術方面比較完整的一個基本面貌，也可以看到我畢生的全部興趣所至。但是我要説明，我不是文物收藏家，我收藏這些東西都是爲了研究，當然也是由於愛好。因爲我收集這些東西主要是爲了學術研究，所以我收集的東西并不一定都有很高的文物價值和經濟價值，但是它却有珍貴的史料價值和認識價值。例如在討論新出土的『曹雪芹墓石』時，否定的一派認爲墓誌銘都有一定的規格，多大多小都有規定。這聽起來好像有道理，實際上這是混淆事實。墓誌銘的官方規定，雖有其事，但却只限於做官的，對一般普通老百姓，有誰來管你這些事？曹雪芹抄家後早已淪爲一介貧民，死時連棺材都没有，還有誰來按什麽規格刻墓誌銘呢？這不過是一塊普通的未經細加工的毛石，鑿『曹公諱霑墓』『壬午』幾個字，只是用作標誌而已。爲了證實普通老百姓的墓誌銘是各式各樣的，將我收到的，如有的是陶盤的墓誌銘，有的是瓷器盤子做的墓誌銘，有青花瓷的墓誌銘，有一塊只有一本普通書本大小的青花釉裏紅墓誌銘，有兩塊磚刻的四方的墓誌銘，還有一塊用硃筆寫在磚上的墓誌銘，都收在我的書裏。它不一定有多大的經濟價值，但它却有珍貴的認識價值和歷史價值。

不論是文章也好，還是藝術也好，還有其他也好，我覺得人的追求是永無止境的。古人説『學無止境』，確實如此。這也就是説，無論你是寫文章做學問也好，無論你是創作藝術也好，還是追尋歷史，進行考古也好，始終都是『無止境』的。因此，人永遠在征途中，永遠在追求中，千萬不可有自我滿足的感覺。『自滿』也就是『自止』。人到了自止，也就是停止了。我喜歡永遠讓自己在征途中，在學問的探索中，在藝術的創意中！杜甫説：『大哉乾坤内，吾道長悠悠！』杜甫説得多好啊！

二〇一三年四月四日，農曆癸巳清明節晚十時於瓜飯樓，時年九十又一

凡例

一、本書所收各類藏品，均係編者個人所藏。

二、本書所收鄴陵君鑒等五件藏品，已無償捐贈給南京博物院，正德《罪己詔》已無償捐贈給第一歷史檔案館。現所用圖片，爲以上兩家攝贈。

三、本書所收古代碑刻拓片、墓誌等，均有録文，并加標點，録文一般采用通行繁體字，但碑上的俗寫字，一律采用原字。

四、本書所收古印，最具特色的是新疆和田的古代動物形象印，爲稀見之品。

五、本書所收墓誌銘，除官方的墓誌外，還收了一部分民間墓誌，以示兩者的區别。民間墓誌無官方規定，各式各樣，有青花瓷特小的墓誌，有陶盤墓誌，有瓷碗墓誌，還有磚質硃書墓誌等，且各具地方特色。

六、本書所收師友書信，時間限於藏主同輩。藏主的學生和年輕友人的書信，限於篇幅，未能收入。

七、本書各卷，專題性强，故特邀各項專家任特邀編輯，以使本書得到更好的編録。

八、本書所收藏品，除藏主的書畫外，以前均未結集出版。

寬堂謹訂

二〇一五年九月十五日

《瓜飯樓外集》總目

目録

瓜飯樓藏紫砂壺

自序
——我与紫砂

我與紫砂大師顧景洲早在二十世紀五十年代就認識了，顧景洲早期用的印章，是我的好友高石農刻的，由於高石農的關係，我們很早就認識了，那時顧景洲大約四十歲，我還不到三十歲。

一九五四年八月我調到北京中國人民大學，我與顧景洲的交往暫時間斷了，但不久，宜興紫砂廠在北京有紫砂展銷等商業活動，顧景洲也經常來京，同來的還有紫砂廠廠長高海庚。有一次，顧景洲同高海庚一起來看我，我住張自忠路，這次，顧景洲鄭重對我説，他的徒弟中只有高海庚能傳他的絶藝。這時顧景洲的壺藝已是紫砂第一人了。這次，海庚還送我一把他做的壺。海庚爲人樸誠信厚，我們一見如故。之後，海庚又送我一把他夫人周桂珍做的小方壺，我纔知道他夫人也是製壺高手。

後來，我又認識了紫砂雕塑藝術大家徐秀棠。二十世紀七十年代到八十年代，我經常有機會到南方去，每去，我總要到宜興丁山去看顧老和海庚。不幸海庚突然患心臟病去世了，這是紫砂藝術的一大損失，幸而他的紫砂藝術，由他的夫人周桂珍繼承并發揚了。

那時，我每次去丁蜀鎮，都爲他們題紫砂壺，我是直接寫在壺上的，左手拿壺，右手執筆書寫，開始是爲周桂珍題壺，後來被大家看見了，就都來要我題壺，幾乎一寫就是半天或一整天。因此我也得到了他們不少饋贈，桂珍還特意爲我做了不少把壺。周桂珍現在已是紫砂藝術的『雙大師』，是顧景洲以後的第一人。

紫砂刻字最好的是徐秀棠，我寫的不少壺都是他刻的。他刻的壺燒好填墨後，稍遠一點看，就同我剛寫在紫砂壺上的墨迹一樣。當然，他的更高成就是他的紫砂人物雕塑，那是開拓了紫砂雕塑的新天地，他是這一領域的創始人。在這之前，雖也有紫砂雕塑，都還是游戲之作，遣興而已，從未被當作專項來從事創作。從徐秀棠開始，有了紫砂雕塑的專項藝術。秀棠也榮獲了『大師』的稱號。

紫砂上刻字的還有譚泉海，也是一流的功力，我寫的壺有一部分是他刻的。

宜興紫砂中的『花貨』，即摹寫果蔬之類實物形象的作品。當時年齡最大的作者是蔣蓉，與周桂珍同輩的是汪寅仙，蔣蓉已去世，汪寅仙後來也獲得了『大師』的稱號。

顧景洲先生後來改名『景舟』，他創作極嚴，一年只做幾把壺，每把壺做完後要反復看幾個月，纔拿去燒製。所以，直到他去世時，缸裏還有幾把已做好、未看够、未曾燒製的壺。

顧景舟大師以他的成就，成爲紫砂史上劃時代的人物。在此之前的紫砂壺，其藝術水準和製作的工細，從來未達到這樣的高度。其内在原因是他更具有文化素質。他在早期常與吴湖帆交往，現在還有一把吴湖帆爲他題的壺。但這把壺，現在看來，比他晚年的創作又有些差距了。

喜歡紫砂的人都推崇陳曼生的壺，其實陳曼生并不會製壺，他只是題字。他題字的壺大都是楊彭年做的，而楊彭年的壺藝并不是絶頂的。我有一把曼生壺，顧老晚年來京時鑒定過，他説這把曼生壺藝術極高，絶不是楊彭年做的。

現在，顧老的繼承人，自然就落到了周桂珍。這是純客觀的自然選擇，不是炒作出來的。舉個事實，前些年，桂珍爲我做了一把壺，我用來泡茶，無意之間，拿起壺蓋，把一壺茶都提起來了，我萬萬没有想到這把壺的精密程度會達到如此高境界，因爲這是古人傳下來鑒證紫砂壺精良程度的最高標準。上面所説的我藏的那把曼生壺，也能做到以蓋提壺。這可證周桂珍的壺藝早已達到古人最高的標準。我把這個情况告訴周桂珍，她説她做好了壺，自己覺得滿意了，燒好後就給人了，自己没用過，也就不知道有這個效果了。

我的藏品中，有幾把是高振宇做的，特别是那把大匏瓜壺，靈動而書卷氣，儒雅大方，真正表現了紫砂本身的文化素質。這是我藏的紫砂三大件之一。

我的紫砂藏品中，最奪人眼目的是秀棠大師給我做的紫砂大畫筒，口徑約三十多厘米，形如竹筒，在紫砂藝術中，這恐怕是空前的杰作，我把它視同拱璧。

還有周桂珍給我做的那把特大曼生提梁，那是壺件中的極品，即使是曼生來看了，也絶想不到有這樣的大器。

我平生的紫砂交游，都印刻在這些藝術品上，這都是傳世之作，因此我的紫砂情誼也會隨着這些名器傳之久遠。

本書的砂壺攝影都是汪大剛兄的精心杰作，若無此高妙攝影，則讀者無從鑒賞這些名壺的神韵，所以本書的砂壺原器與攝影可以妙合無間，故特爲奉告讀者。

二〇一三年七月二十四日，寬堂九十又一於瓜飯樓

瓜飯樓藏紫砂壺

楊彭年

楊彭年，字二泉，號大鵬。生卒年不詳。荆溪人，一説浙江桐鄉人。清嘉慶年間製砂壺藝人。弟寶年、妹鳳年，均以製壺爲业，所製茗壺美觀大方，氣韵非凡，具渾然天成之美。常爲溧陽縣令陳鴻壽（曼生）製『曼生壺』，爲鑒賞家珍愛，現有《鐘式壺》藏於上海博物館。他首創捏嘴不用模子，以及掇暗嘴之工藝，颇具天然之致。他又工隸書，善銘刻，追求金石味。他与人合作鎸刻書畫，技藝成熟，至善盡美。其作世稱『彭年壺』『彭年曼生壺』『彭年石瓢壺』，備受青睞，對後世茗壺製作技藝影響頗大。

001

清 嘉慶 楊彭年 製

八角杯

通高4厘米

杯作八角形，侈口，圈足亦爲八角形。杯內及圈足內均施白釉，釉面有魚子紋開片。外壁口沿刻一周回紋邊紋。外壁中部橫排行書『只在此山中』，署『彭年』款。（一）

【注釋】

（一）參見梁白泉《宜興紫砂》頁一四八，文物出版社、兩木出版社一九九〇年十二月初版。

八角杯　楊彭年

清 嘉慶 楊彭年 製

002

菱花杯

通高4厘米

紅色泥，從杯口至圈足皆呈五瓣菱花形，杯內及圈足內施白釉，釉面有魚子紋開片。外壁口沿刻一周回紋邊飾，下刻行書『清心一曲生』，署『彭年』款。〔一〕

【注釋】

〔一〕參見梁白泉《宜興紫砂》頁一四九。

菱花杯 楊彭年

趙松亭

趙松亭（一八五二—一九三四），號九齡，藝名東溪，清末紫砂刻陶家、書畫家。清咸豐二年出生於宜興上袁村，拜上袁村『邵家壺』嫡系傳人邵夫廷爲師。他刻製的紫砂器，詩、書、畫、印融爲一體。他先後研究各種釉色，在紫砂器物上施以貼花挂釉加彩等技法。

光緒十九年（一八九三），趙松亭受蘇州大收藏家吴大澂之聘，至吴府仿造古器。光緒三十一年，趙松亭回家鄉創辦了『藝古齋』，并聘請名家製壺。民國十三年（一九二四），軍閥混戰，陶工流散，紫砂生意陷入低谷，窑場呈停頓狀態。民國十四年下半年，趙松亭投入自己所有資金重建龍窑，定名『復興窑』，燒製『貢壺』系列，銷往英國、法國等國家和地區，成爲宜興著名實業家。

趙擅長仿古類作品，代表作品有《隱角竹鼓》《紫砂瓦形枕》《書畫仿鼓》《羊蓋扁鼓》《折身圓壺》《漢韵》《掇球》《仿古》等。

圓角四方杯　趙松亭

003

清末民初　趙松亭　製

圓角四方杯

通高 4.8 厘米

泥呈深褐色，造型爲圓角四方形，侈口，小圈足。杯内及圈足内施白釉，有魚子紋開片。口沿外飾一周渦紋邊，下刻行書『竹爐松風蕉雨』，署『松亭』款。〔一〕

【注釋】

〔一〕參見梁白泉《宜興紫砂》頁二三〇。

圓角四方杯　趙松亭

004

清末民初　趙松亭　製

六方杯

通高5厘米

杯作六角形，侈口，圈足亦爲六角形。杯内及圈足内均施白釉，釉面有魚子紋開片。口沿外飾一周渦紋邊，下刻篆書『大泉五十』，署『松亭刊』款。

十
五

松亭
刻

005

清末民初　趙松亭 製

委角六方杯

通高 4.5 厘米

胎泥呈米黄色，杯作委角六方形，侈口，圈足亦爲委角六方形。杯内及圈足内均施白釉，釉面有魚子紋開片。口沿外飾一周渦紋邊，下刻行書『松下清齋折露葵』（一），署『松亭』款。

【注釋】

（一）見《全唐詩》卷一二八王維《積雨輞川莊作》詩。

委角六方杯　趙松亭

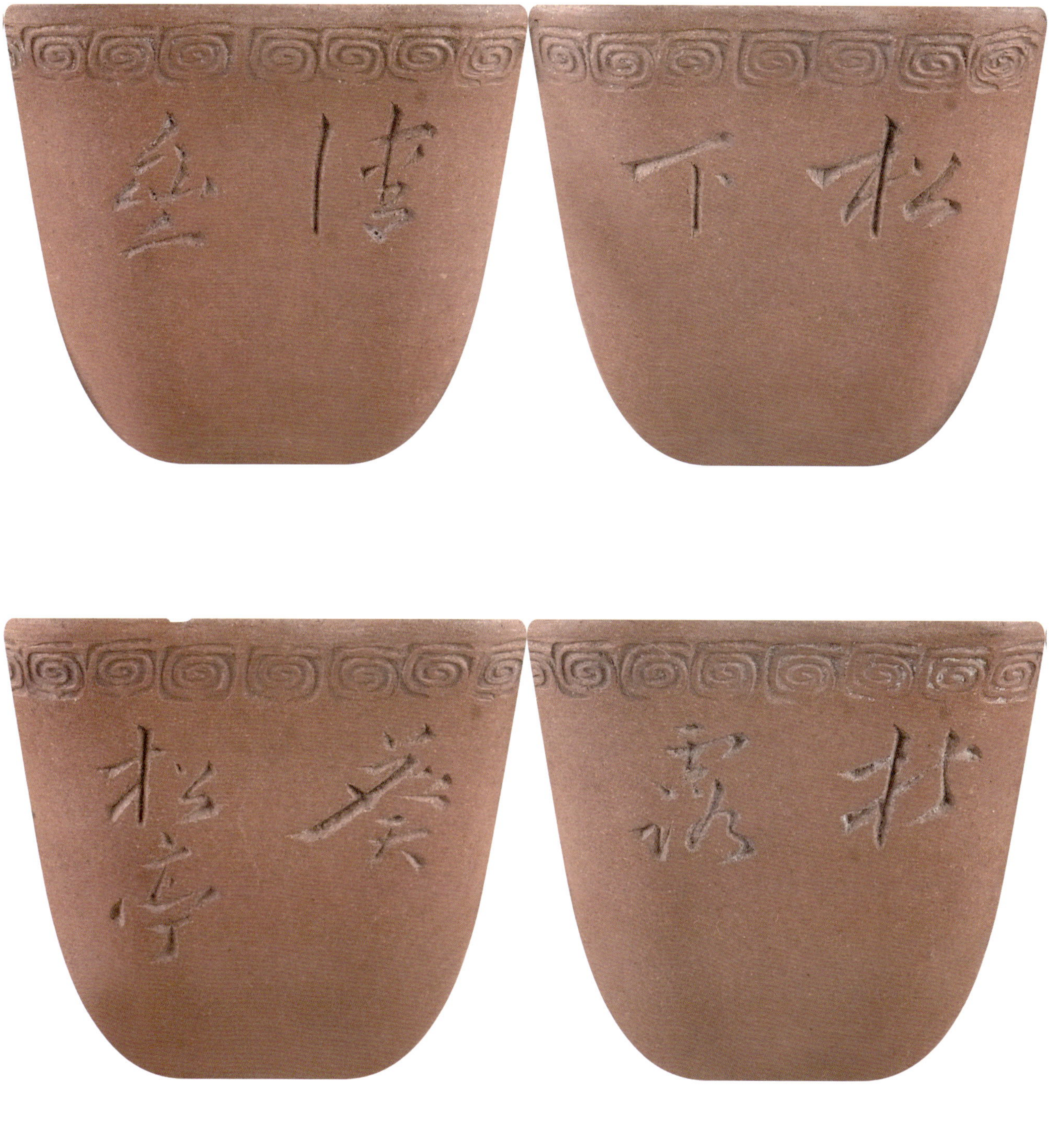

委角六方杯　趙松亭

陳曼生

陳曼生（一七六八—一八二二），名鴻壽，字子恭，號曼生、曼公，別稱種榆道人，乾隆、嘉慶年間浙江錢塘（今杭州）人。『西泠八家』之一，著有《種榆仙館摹印》《種榆仙館集》《種榆仙館印譜》《桑連理館集》等，精書法篆刻，長古文辭，以此名家。因其廳事西側有連理桑一樹，乃名其齋爲『桑連理館』。

陳曼生篤信佛教，酷愛紫砂壺，於齋中設藏室，平日賞壺及設計壺式均在此，室中懸南無阿彌陀佛墨書，友人邵二泉因取『阿曼陀室』以名其齋，『阿曼陀室』由此遂成曼生別署，傳之後世。

陳曼生於嘉慶二十一年（一八一六）任溧陽縣令，溧陽毗鄰紫砂之都宜興，因識紫砂名家楊彭年，與之合作，曼生題銘并設計壺式，『曼生壺』遂盛傳於世。今知，當時爲曼生製壺者，除楊彭年外，尚有楊彭年之妹楊鳳年等。製壺者維松無考。

按：紫砂名家顧景舟先生說，此壺比楊彭年做得還要好！據高振宇先生說，此壺泥料與楊彭年的『曼生壺』一樣，應爲同一時期作品。從書法來看，寫得很規矩，應爲曼生早期題銘。

006

清 嘉慶 維松 製 陳曼生 銘

曼生銘高虛扁壺

通高7.8厘米 口徑7厘米

蓋印：維松

壺底銘：寒夜最宜當酒

乙亥夏日

曼生

曼生銘高虛扁壺　維松

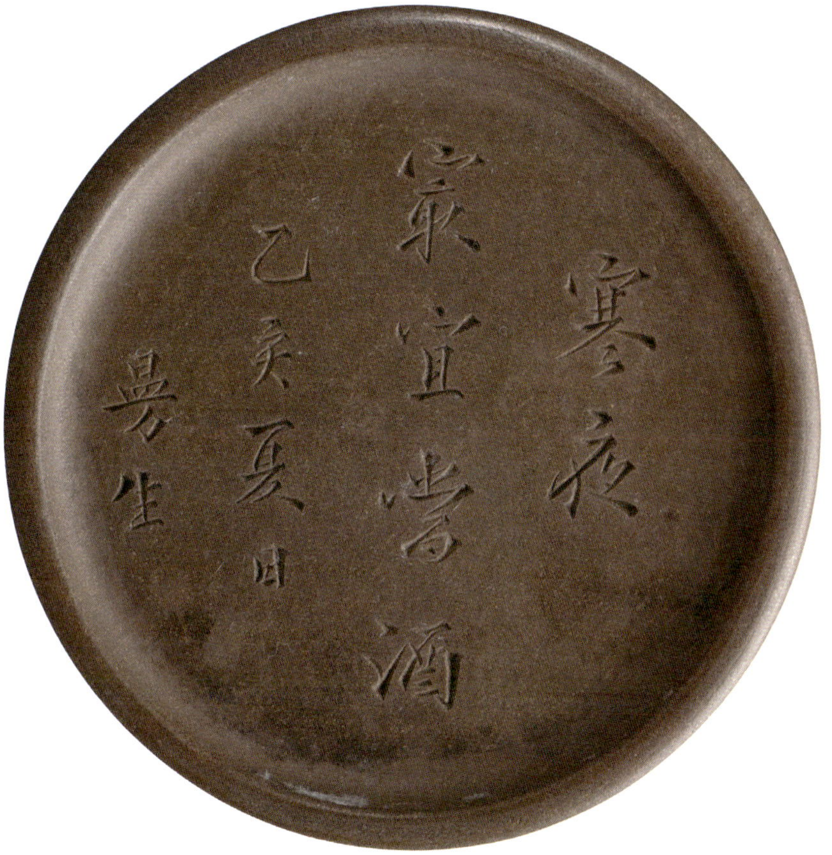
寒夜
家宜嘗酒
乙亥夏日
曼生

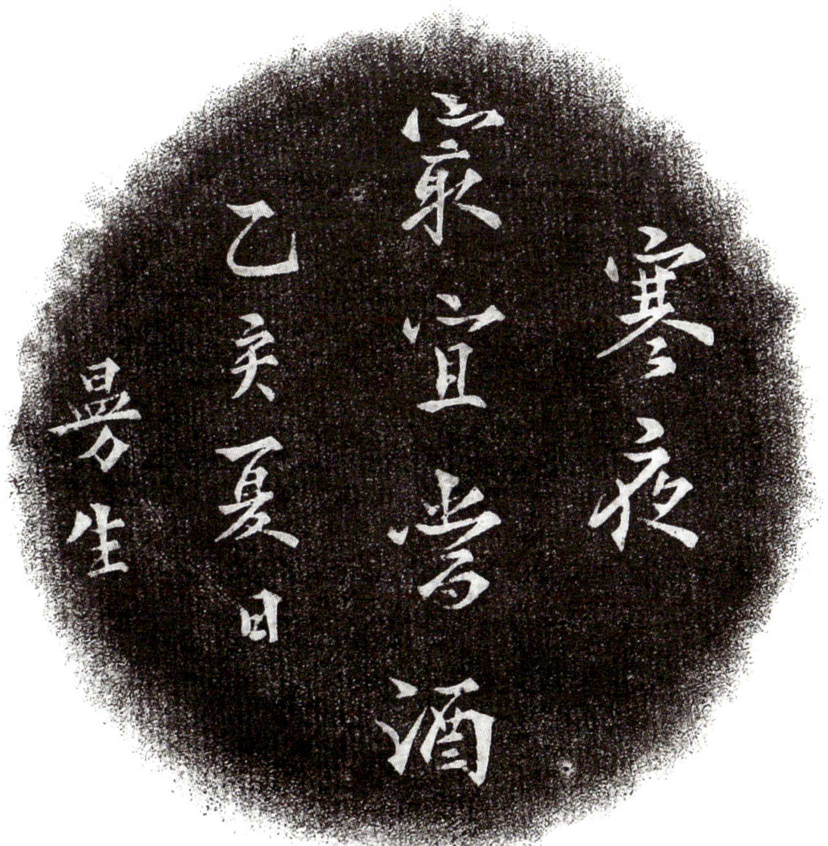
寒夜
家宜嘗酒
乙亥夏日
曼生

范大生

范大生（一八七四—一九四二），字繩武，號承甫，世居宜興丁蜀西望圩村。師從紫砂名家范鼎甫。曾受聘於利永陶器公司、吴德盛陶器店、上海鐵畫軒等陶器公司。民國五年（一九一六），任江蘇省第五中學陶業教師。傳世之作有《合菱》《竹古》《合梅》《一捆竹》《魚化龍》《掇球》《梅茶樹樁》《四方隱角竹頂》《六方竹頂》等壺。造型渾樸、生動傳神、富有情趣，有『千金易得，大生壺難求』之譽。創作的大型陶塑《雄鷹》曾在一九三五年英國倫敦藝術博覽會上獲得金獎。范大生對徒弟毫無保留，言傳身教，培養了馮桂林、葉得喜等一大批紫砂名家，爲紫砂藝術的推廣和發展做出了巨大貢獻。本書所收《柿竹提梁壺》是他的傳世杰作。

陳少亭

陳少亭（一八七五—一九五三），字穎川，號羽林逸人、於陵子，宜興西鄉人，近現代陶刻大師任淦庭（一八八九—一九六八）的師兄。陳少亭出身陶藝世家，其父陳柏亭爲紫砂陶刻名家，善製壺，精陶刻，并首創陳氏獨門陶刻鑿砂、鏤砂、透雕工藝。陳少亭少時聰穎過人，傳統文學功底深厚。十六歲師從金石書畫名家盧蘭芳，在名師的指點下，技藝大進。一九一六年後，陳少亭先後在吴德盛公司及鐵畫軒公司擔任技師。陳少亭陶刻富書卷氣，清新高雅。落款主要有少亭、於陵子、穎川子、羡漁等。抗戰後，窑場敗落，陳少亭棄藝從醫，傳器較少。

007

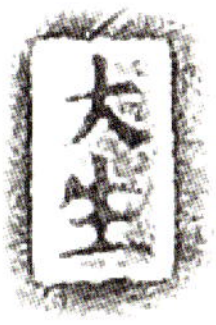

民國　范大生　製　陳少亭　刻

柿竹提梁壺

高21.2厘米　口徑8厘米

蓋印：大生

此壺壺身爲四瓣柿子形，一捺底，壓蓋單口，一彎嘴、橋梁鈕、提梁均附以竹節，蓋上貼飾一組不對稱的竹葉，一面刻梅雪煮茶圖，另一面刻文字：『梅雪煮茶。筐提筐提，松風竹溪，飲之清心，掃石品題。羨漁。』

羨漁即陳少亭號。

棟霞盦

篛提、松風
竹溪、餘了
清心挿石品
题 羨迴

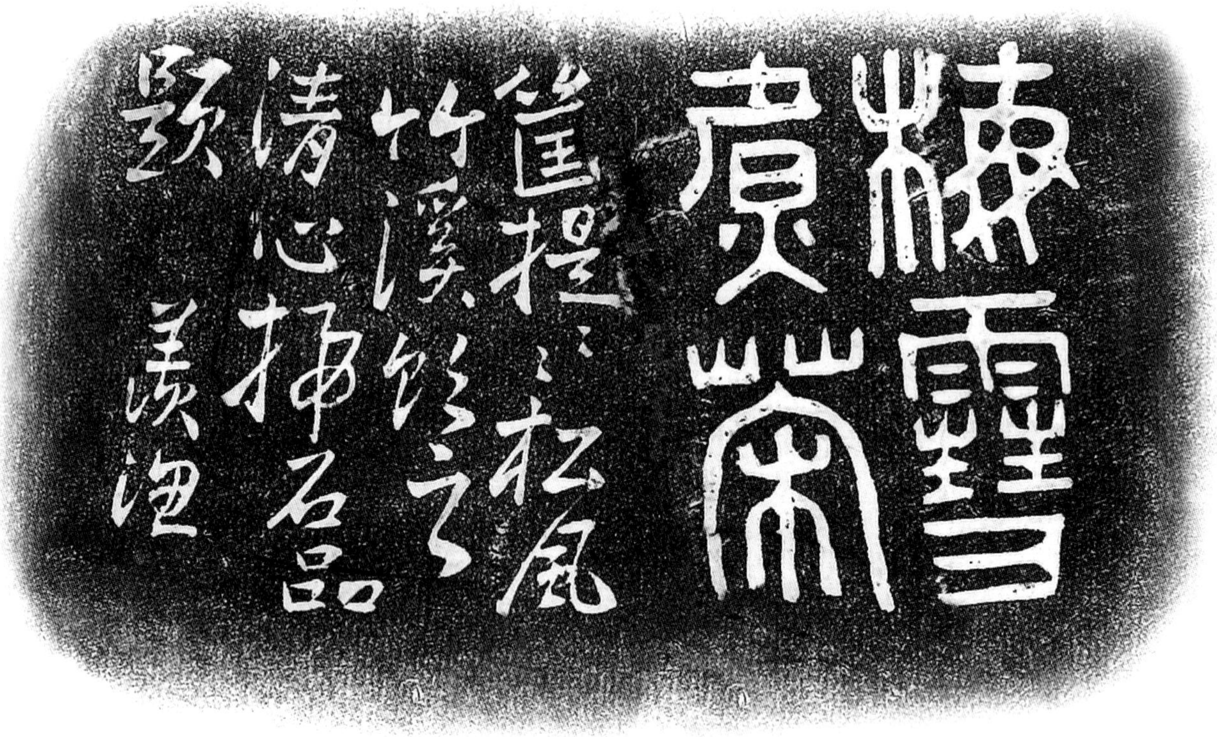

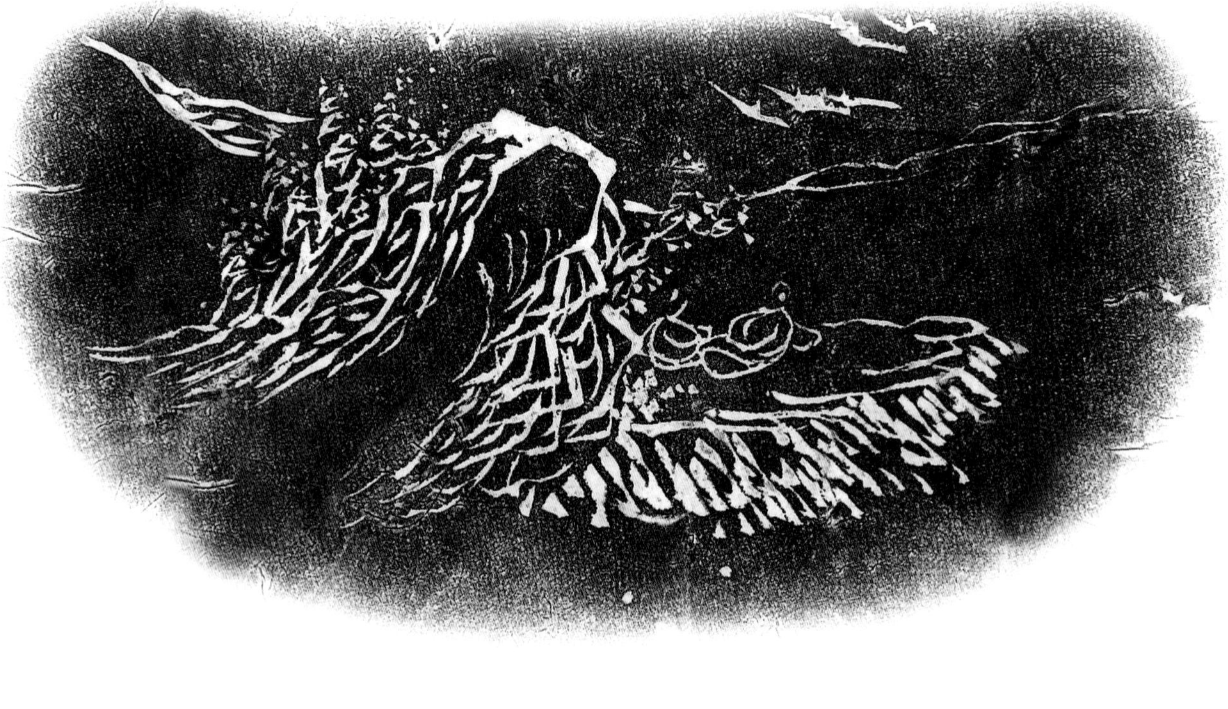

柿竹提梁壶　范大生

馮桂林

馮桂林（一九〇二—一九四六），宜興周鐵鎮人。一九一八年遷居宜興蜀山北廠。年少時是江蘇省立陶器工廠『利永陶工傳習所』第一批藝徒，師從程壽珍、范大生等名師。先後爲汪裕泰、利永、吴德盛等公司製壺，聲望日隆。馮桂林技術全面，善製各款砂壺，花貨、光貨兼擅。擅長刻畫及仿生自然塑器，僅新品種類就達二百餘種，手法新穎，構思奇妙，爲紫砂歷史上不可多得的名匠藝師。署款通常用『桂林』篆文方印，多鈐於壺蓋。

008

民國　馮桂林 製

菱花綫圓壺

通高7.4厘米

蓋印：桂林

此壺通體作菱花式，壺蓋、壺身渾然一體，分六瓣組成，上下對應。棱綫凹凸有致，輪廓分明，比例均衡，精巧秀麗。橋鈕、壺嘴、壺把自然渾成，而又藏巧於拙，壺腹束一方腰帶，十二條棱綫正反結合，自壺頂至壺底相交於一點，和諧清秀，骨肉亭勻，穩重雅致，壺蓋六面可置換，皆十分嚴密，工藝精湛，爲馮桂林的杰作。

菱花綫圓壺　馮桂林

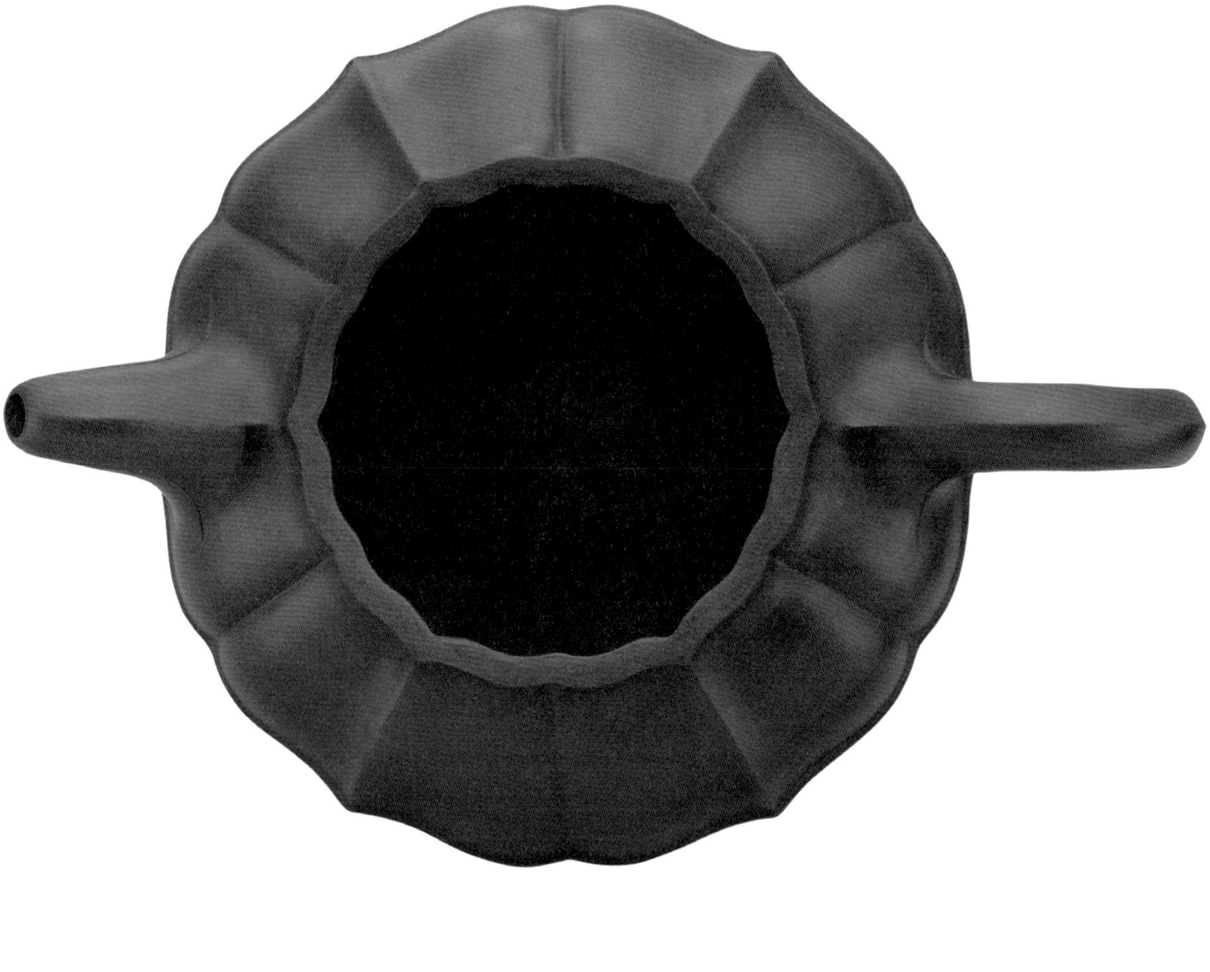

汪寶根

汪寶根（一八九〇—一九五五），號旭齋，宜興蜀山人。爲民國時期紫砂高手『三寶三根』（三寶：李寶珍、汪寶根、陳寶生；三根：吴雲根、潘德根、范正根）之一。

汪寶根早年隨伯父清末名家汪春榮學藝，與壺藝大師吴雲根、朱可心爲同門師兄弟。曾在宜興吴德盛公司、上海鐵畫軒公司任技師。一九三五年製成《大東坡壺》與《三友瓶》，參加美國芝加哥博覽會并獲優秀獎。

汪寶根曾爲清末紫砂名家黄玉麟鄰居，常向黄玉麟請教，學到了許多製壺絶藝。他以櫻桃小包嘴製壺而聞名壺藝界，雖身材矮小，但精力過人，製作不滿意隨即毁之，不盡善盡美絶不出手，雖製作較多但傳世較少。

009

民國　汪寶根 製

綫圓壺

高7厘米　口徑7厘米

蓋印：汪、寶根

底印：旭齋

此壺爲扁球形，壺底爲一捺底，橋鈕與壺蓋渾然一體，櫻桃小流，滴水不涎。壺把圓潤，下留垂耳，與流相應。壺腹中央束一腰帶。此壺整體圓潤沉靜。

010

民國　文耀　製

傳爐壺

通高8.8厘米

蓋印：文記

底印：文耀

文耀無考。

瓜飯樓藏紫砂壺

011

二十世紀五十年代

綫圓壺

高8厘米　口徑8.5厘米

底印：中國宜興

二十世紀五十年代，宜興紫砂廠有一段合作社時期，名家製壺不署名，壺底署『中國宜興』，出口銷售。這把壺就是一九五〇年我在宜興買到的。

高海庚

高海庚（一九三九—一九八五），出生於江蘇省宜興的陶瓷世家。一九五二年進入宜興紫砂工藝廠跟顧景舟學藝，深得其師器重，是顧老的得意門生。後到中央工藝美術學院專修造型設計，學到許多新的造型觀念和新的工藝理論知識。一九六三年進入紫砂廠研究室，和顧景舟、徐漢棠一起設計創作新樣。一九七九年在宜興紫砂廠從事設計并負責生産技術工作。設計製作了『集玉壺』『追月壺』『扁竹提梁壺』『北瓜提梁壺』『雙龍提梁壺』『水浪壺』『之泉壺』等一大批被稱爲近代紫砂經典的壺形。後任宜興紫砂工藝廠副廠長、廠長。他重視技術人員的培養，并且將自己的創新設計毫無保留地給技術人員製作，形成了幾十年以來宜興紫砂從未有過的創作設計高潮。他發表《壺藝繼承與創新》論文，并通過對中國香港和日本的考察，針對國際市場創立宜興紫砂研究所。他重視傳統和基層技術人才，奠定了今天紫砂强大的技術骨幹隊伍和現在紫砂全面繁榮的局面。一九八二年在北京故宫成功策劃舉辦了『宜興紫砂陶藝展』，作品的藝術水準之高，爲新中國成立以來未見，引起了中國藝術界的轟動。一九八五年十二月高海庚由於工作過分勞累，因病去世，享年四十七歲。他的一生，對紫砂事業做出了不可磨滅的重要貢獻。

高海庚成功試製出紫砂注漿泥，開拓了紫砂的多種新用途。設計的作品造型敦厚，裝飾樸雅，綫條簡潔，融合傳統紫砂及青銅玉器等的文化内涵，設計形式上又能投入現代人的美感，使現代感與傳統精神融爲一體。他重視名師帶徒弟和帶子女的方法，培養出了一大批紫砂新人。

012

現代　高海庚 設計、製作

集玉壺

高8.5厘米　口徑7.5厘米

蓋印：海庚

底印：高海庚製

壺身爲圓柱體，中腰飾一圈棱。平蓋，橋形鈕，鈕上裝一可活動的小圈。流作龍口噴水狀，流根部飾龍頭紋。橋形鈕亦飾龍紋。把頂的平面飾鳳紋。設計融入青銅、古玉器等元素，用紫砂的方式體現，表現出典雅古樸之美。[一]

【注釋】

（一）參見梁白泉《宜興紫砂》頁三三五。

013

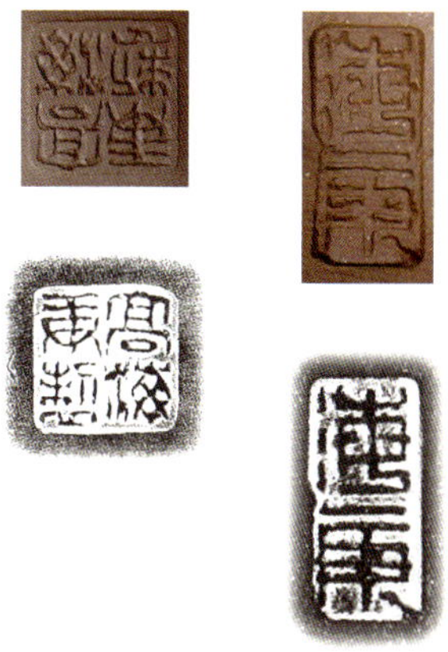

現代　高海庚　設計、製作

追月壺

高9厘米　口徑4.5厘米

蓋印：海庚

底印：高海庚製

『彩雲追月』，歷來被民間視作嚮往美好事物的象徵。此壺身呈新月型，肩部兩條充滿生命力的弧綫，延伸後引出飽滿的壺嘴；弧綫順勢兩頭仰起，成爲壺鈕，若自然生成，毫不突兀。再鑲上一副銀色提梁，恰似滿月，增强了虛實對比，使意趣頓生。壺蓋上，祥雲形的摘手，整個壺充滿雲彩般的靈動流暢美。（一）

【注釋】

（一）參見顧景舟《宜興紫砂珍賞》頁二四〇，三聯書店（香港）有限公司，一九九二年一月香港第一版第一次印刷。

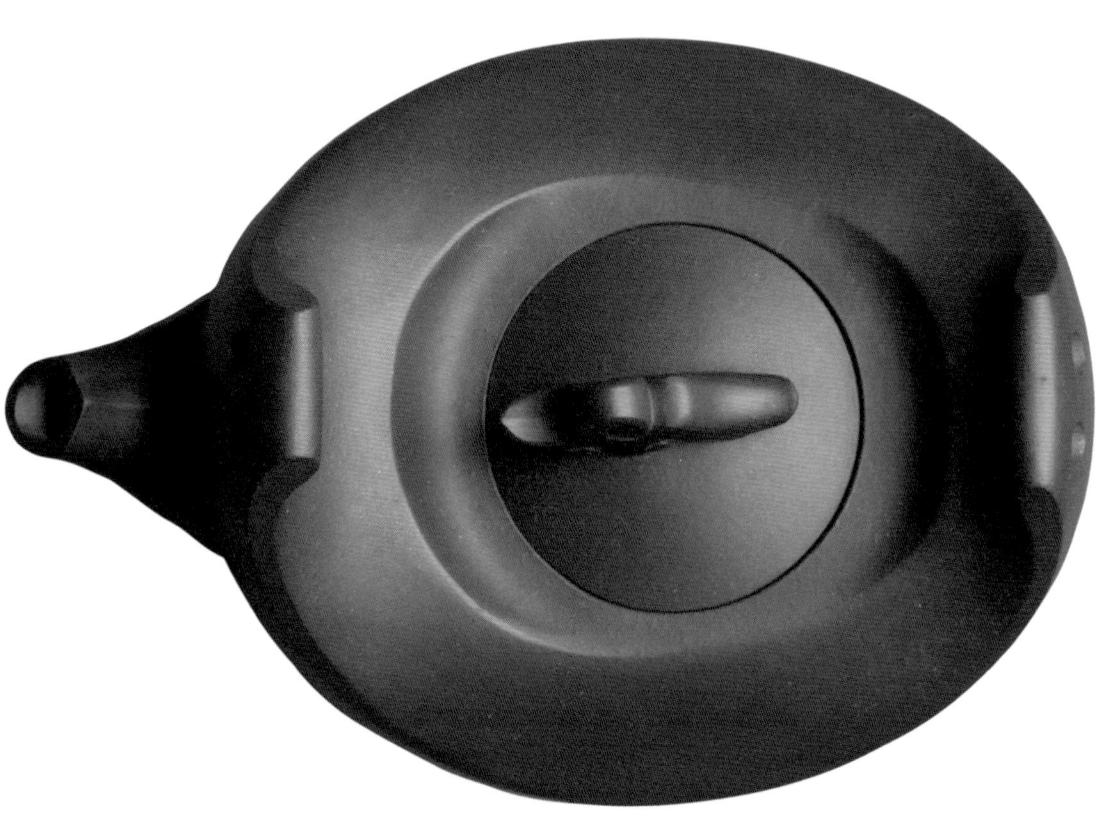

周桂珍

周桂珍，一九四三年生於宜興丁蜀鎮，當代著名的紫砂工藝大師。早年拜師王寅春和顧景舟先生，是顧景舟大師的得意傳人，曾獲『中國陶瓷藝術大師』『中國工藝美術大師』等稱號，其作品爲中國國家博物館、中南海紫光閣、中國故宫博物院、香港茶具文物館等收藏。國家領導人鄧小平訪日曾以周桂珍的紫砂作品爲國禮。二〇〇四年中國人民郵政發行紀念郵票『周桂珍作品』十六枚。

周桂珍以陶藝馳名世界，曾歷訪日本、新加坡、馬來西亞等國，受到極高評價，我國香港、臺灣等地，亦曾多次邀訪。

其著名作品有：《集玉壺》《之泉壺》《曼生提梁壺》《環龍三足壺》《玉帶提梁壺》《沁泉壺》《井欄六方壺》《韵竹提梁壺》等。

均玉方壺　周桂珍

014

現代 周桂珍 製

均玉方壺

高6.3厘米 口徑4.2厘米

底印：周桂珍印

泥爲硃砂色。壺身作圓角方柱體，圓口，小圓圈足，橋形蓋鈕。整體及各個局部造型均方中寓圓，和諧統一。〔一〕

【注釋】

〔一〕參見梁白泉《宜興紫砂》頁三三六。

015

現代　周桂珍 製　馮其庸 詩、書

大曼生提梁壺

通高32厘米　口徑13.3厘米

蓋印：瓜飯樓、桂珍

把印：瓜飯樓、馮

底印：周桂珍印、瓜飯樓、丁卯後作

壺身銘：

世事從來假复真。大千俱是夢中人。
一鐙如豆抛紅泪，百口飄零繫紫城。
寶玉通靈歸故國，奇書不脛出都門。
小生也是多情者，白酒三杯吊舊村。
一九八五年〔一〕十二月，予赴蘇聯鑒定《石頭記》乾隆抄本，返後李一氓丈賜詩爲賀，即次原韻。寬堂馮其庸。

按：此壺造型仿曼生壺式，而體積特大，爲紫砂壺中之稀見者。用料爲段泥調砂。

【注釋】

〔一〕應爲『一九八四年』，此處誤書。

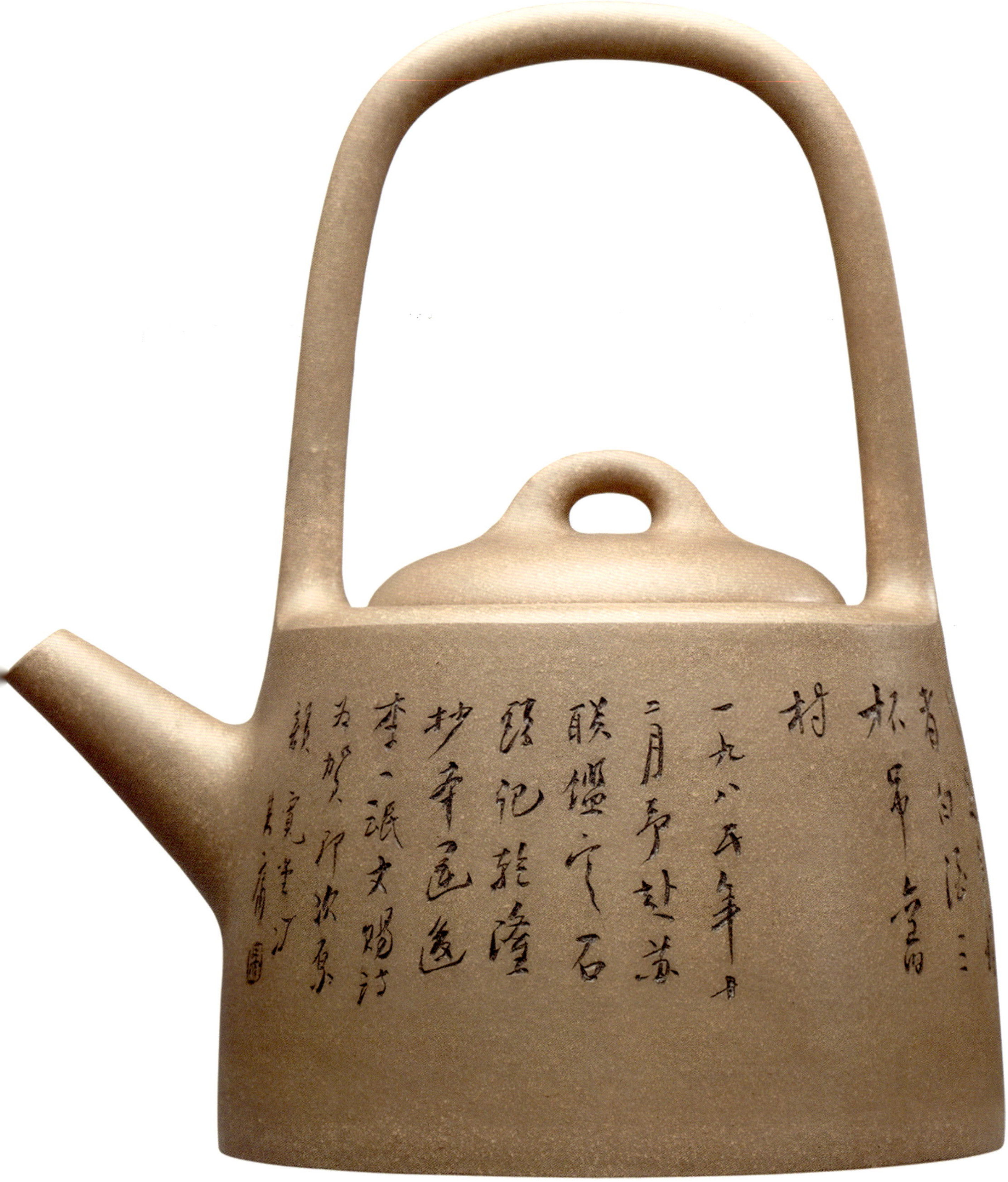

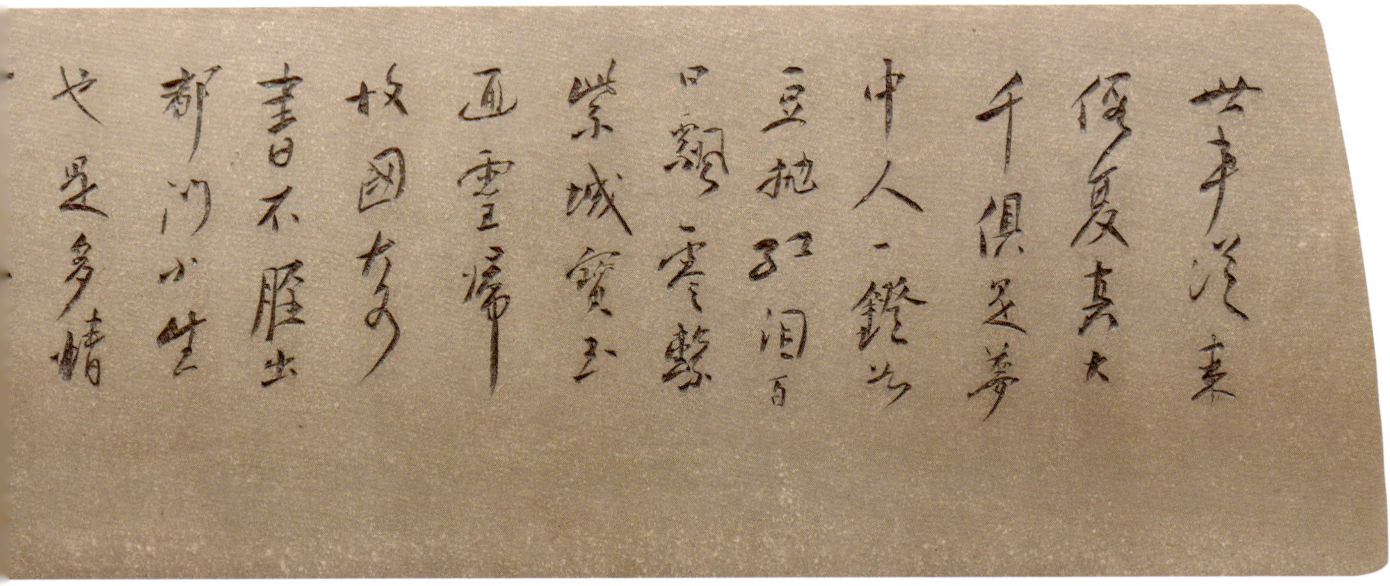

大曼生提梁壶　周桂珍

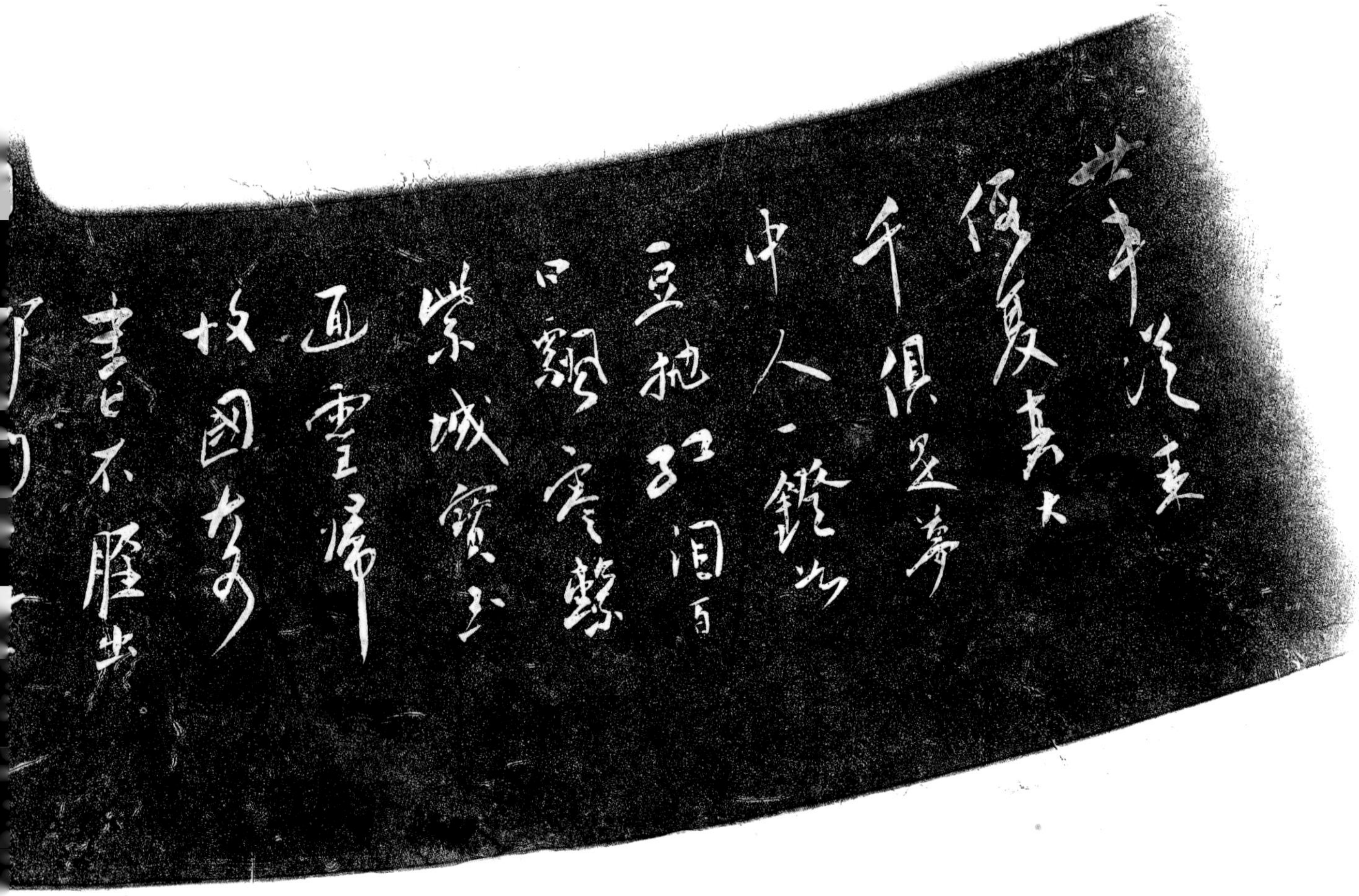

大曼生提梁壶 周桂珍

…者向泛三
杯吊台
村

一九八年
二月予赴苏
联证宁石
段记张澄
抄平逸
李一派大赠行
为贺门次原
韵宽生汀
其宿

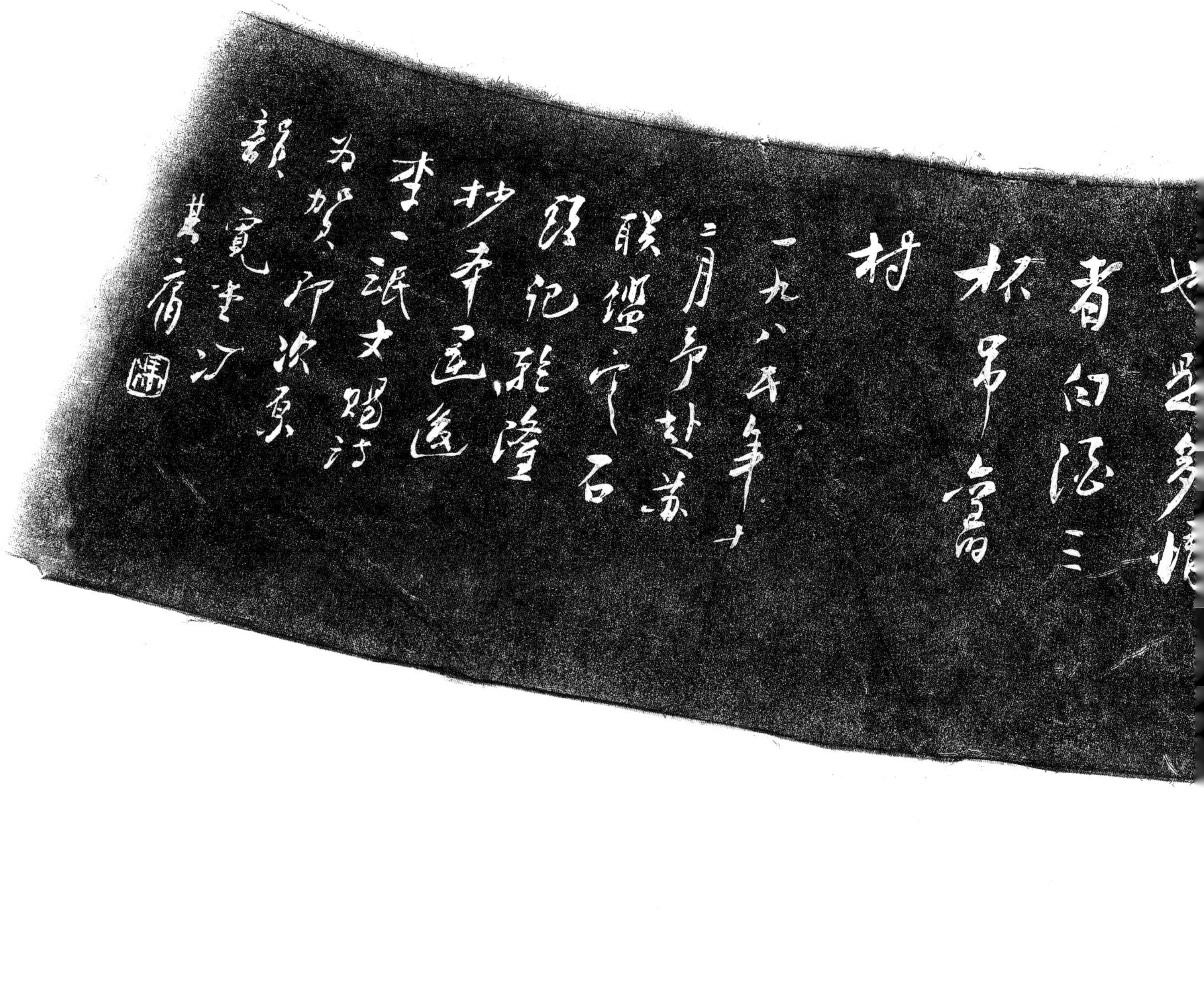

016

現代　周桂珍 製　馮其庸 題寫
徐秀棠 畫、題　徐秀棠、徐徐 刻
高振宇 燒造

大彬如意壺

高14厘米　口徑8.7厘米

蓋印：周、桂珍
把梢印：桂珍
底印：周桂珍造
壺内底款：壬午金秋，桂珍作壺北京
壺身銘：八十述懷
風雨相催八十年。艱難苦厄到華顛。
平生事業詩書畫，一部紅樓識大千。
七上崑崙情未了，三進大漠意弥堅。
何時重踏天山路，朔雪嚴冰也枉然。
桂珍作壺，秀棠畫梅并刻，振宇燒造，
予自題《八十述懷》并書。寬堂記，壬
午秋分，目昏手戰，書不成字，賴徐徐
刻成耳。
爲馮老八十大壽，桂珍作壺，秀棠畫、
題以賀。

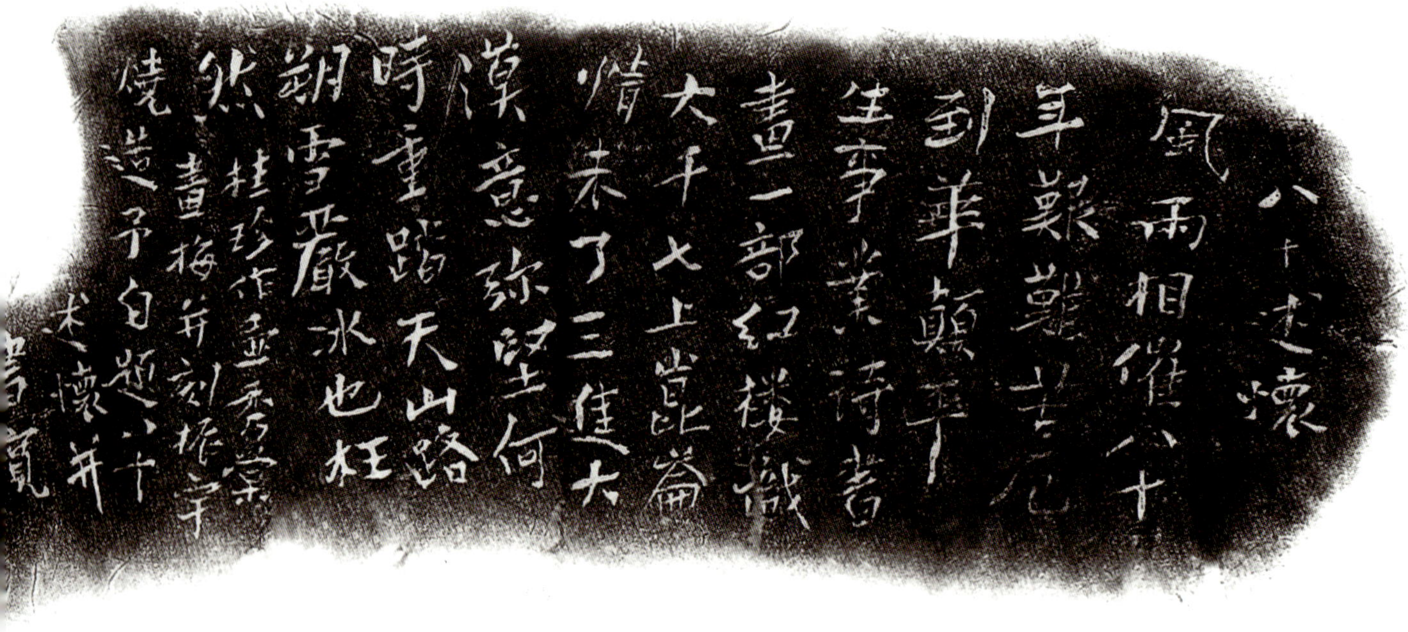
八十述懷
風雨相催八十
年艱難苦厄
到華顛平
生事業詩書
畫一部紅樓識
大千七上崑崙
情未了三進大
漢意弥堅何
時重踏天山路
朔雪嚴冰也枉
然 桂珍作壺秀棠
畫梅并刻極字
燒造予自題八十
述懷并

韓美林

韓美林，一九三六年生，山東濟南人，擅長繪畫陶瓷藝術，曾任安徽畫院副院長，中國作家協會專業畫家，在中央工藝美院工作。曾設計一九八三年『猪票』、一九八五年『熊猫』等郵票及一系列最佳郵票評選紀念張。中國美術家協會韓美林工作室，是全國第一家以藝術家個人名字命名的工作室，也是中國美協至今唯一一家由美術家領銜的工作室。

譚泉海

譚泉海，字石泉，號陶逸軒主人，中國工藝美術大師。一九三九年生於宜興和橋鎮。一九五八年進入紫砂工藝廠，跟隨著名陶刻家任淦庭學習紫砂雕刻裝飾。一九七五年進入中央工藝美術學院陶瓷美術進修班深造，接受著名教授梅健鷹、楊永善、張守智、白雪石、陳若菊等的教導。擅金石篆刻、書法繪畫，花鳥、山水、人物俱佳。在長期從事陶刻裝飾工作中，細細揣摩曼生三刀法，形成了自己獨特的風格。陶刻用刀多變，表現手法多樣，作品多以俊秀細膩見長，亦不乏粗獷奔放的佳作。

一九七九年特大紫砂挂盤《松鷹》《群馬》爲北京故宫博物館收藏。一九八四年由顧紹培製作，譚氏雕刻裝飾的《百壽瓶》榮獲德國萊比錫國際博覽會金奬。一九九二年作紫砂《百帝圖紫砂鼻烟瓶》獲全國陶瓷藝術展評會、國際精品大奬賽一等奬。一九九四年創作紫砂歷代文化屏條，榮獲全國陶瓷評比一等奬。

017

現代　韓美林 設計　周桂珍 製

馮其庸 書　石泉 刻

聯璧壺

高7.5厘米　口徑4.3厘米

蓋印：桂珍

把梢印：桂珍

底印：瓜飯樓

底刻款：石泉銘

壺身銘：寒夜客來茶當酒

瓜飯樓長物

桂珍製，馮其庸題

石泉銘

石泉銘

瓜飯樓

聯璧壺　周桂珍

018

現代　周桂珍 製　馮其庸 書

曼生提梁壺

高15.6厘米　口徑7.1厘米

蓋印：桂珍

把印：桂珍

底印：周桂珍

底刻款：秀棠鎸于丁卯

壺身銘：

蓬萊文章建安骨，中間小謝尤清發。〔一〕

俱懷逸興壯思飛，欲上青天攬明月。

太白詩句，飄逸絶塵，自有謫仙之意。

桂珍同志製壺屬書　馮其庸

【注釋】

〔一〕『尤』應作『又』，疑誤書。

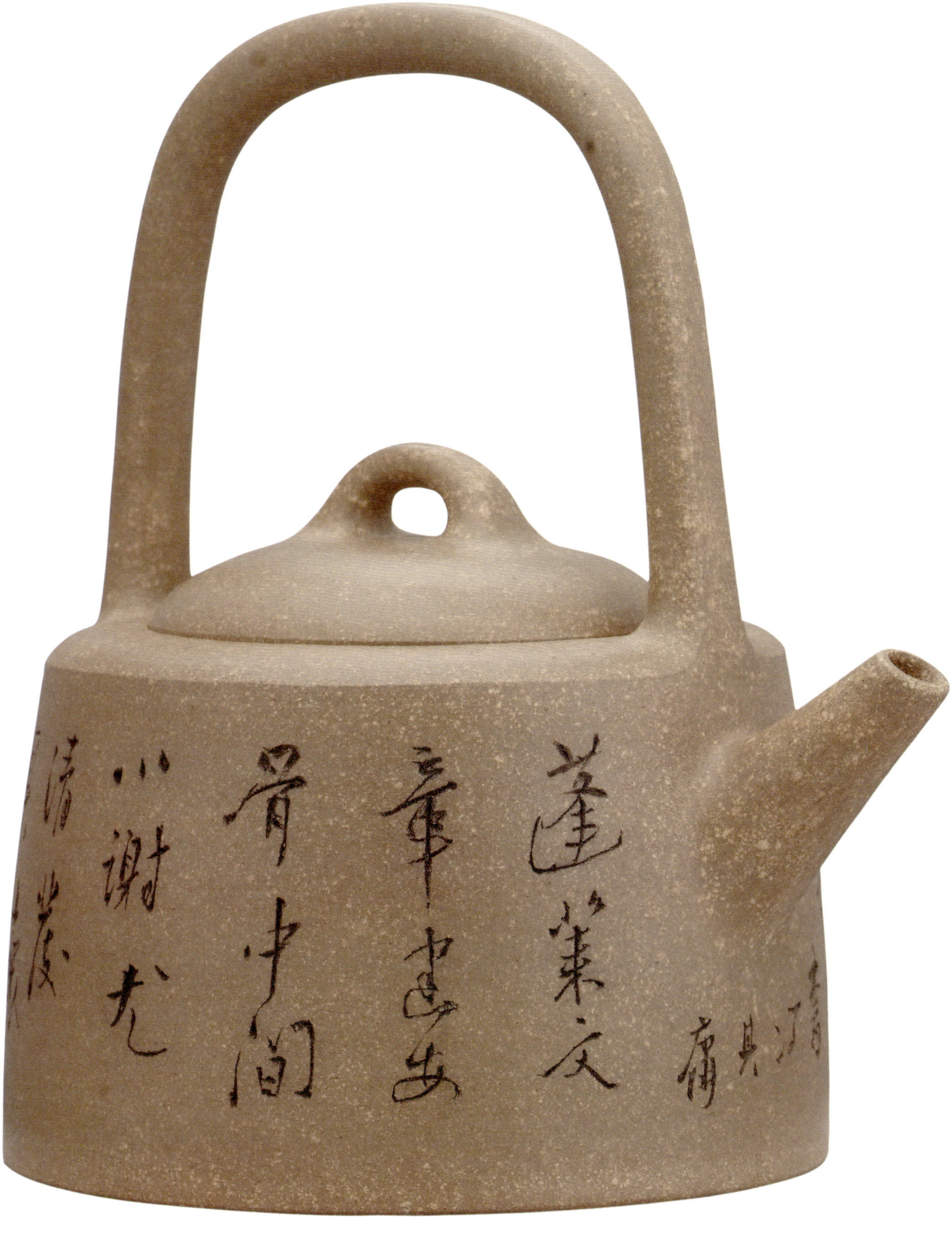

曼生提梁壶　周桂珍

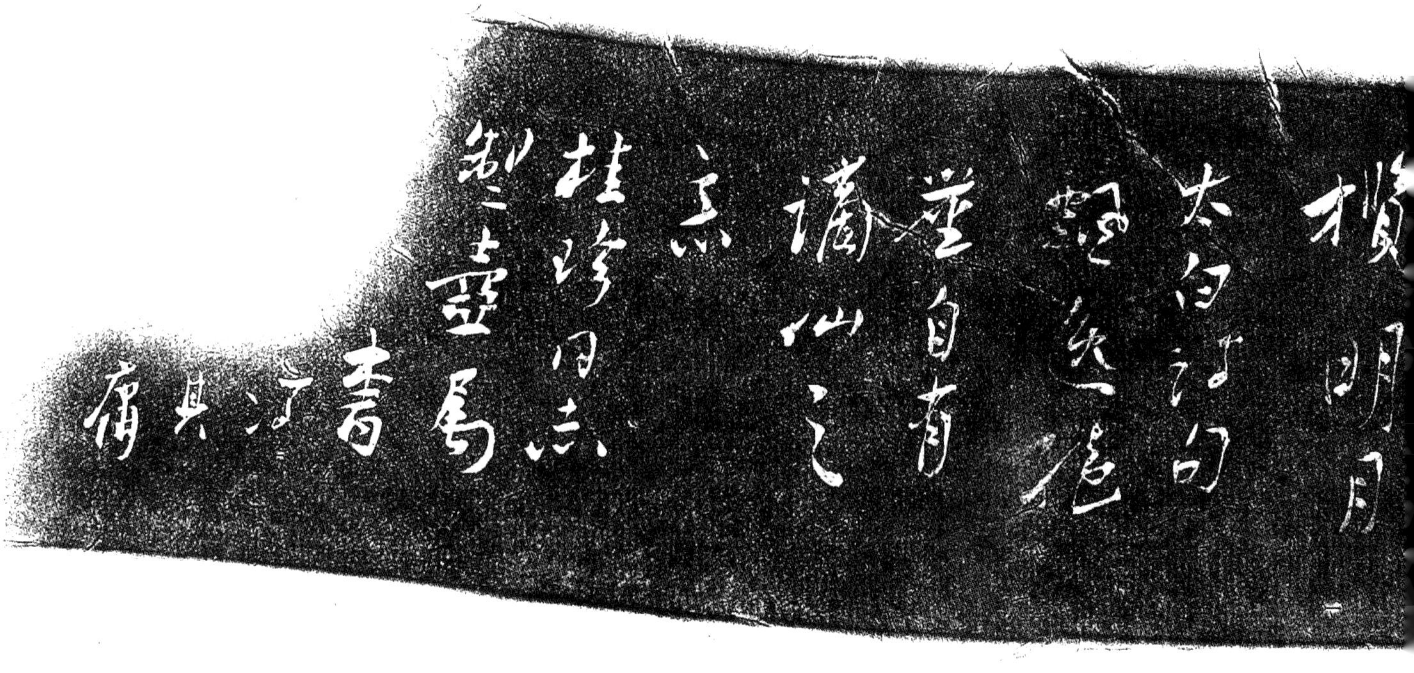
攬明月
太白詩句
題於壺
上自有
謫仙之
氣
桂珍同志
製壺屬書
馮其庸

019

現代　周桂珍　製　馮其庸　題

梅花提梁壺

高16.5厘米　口徑7.8厘米

蓋印：桂珍、寒碧主人作

把印：桂珍

底印：瓜飯樓

壺身銘：鐵骨丹心冰雪姿

寒碧主人製贈，寬堂記

梅花提梁壶　周桂珍

020

現代 周桂珍 製 馮其庸 詩、書

掇球壺

高9.5厘米 口徑5.9厘米

蓋印：桂珍

把梢印：桂珍

底印：瓜飯樓

底刻款：時在辛未夏月，秀棠鎸之

壺内底印：寒碧主人作

壺身銘：

海闊天空老畫師。江山萬里一揮之。古往今來誰能似，只有富春王[一]大癡。

贈劉海粟大師 馮其庸

【注釋】

（一）應爲『黄』，黄大癡，即畫傳世名作《富春山居圖》的元代畫家黄公望。此處筆誤作『王』。

掇球壶　周桂珍

瓜飯樓藏紫砂壺

波濤了空走畫師江山萬里之揮古往今來誰

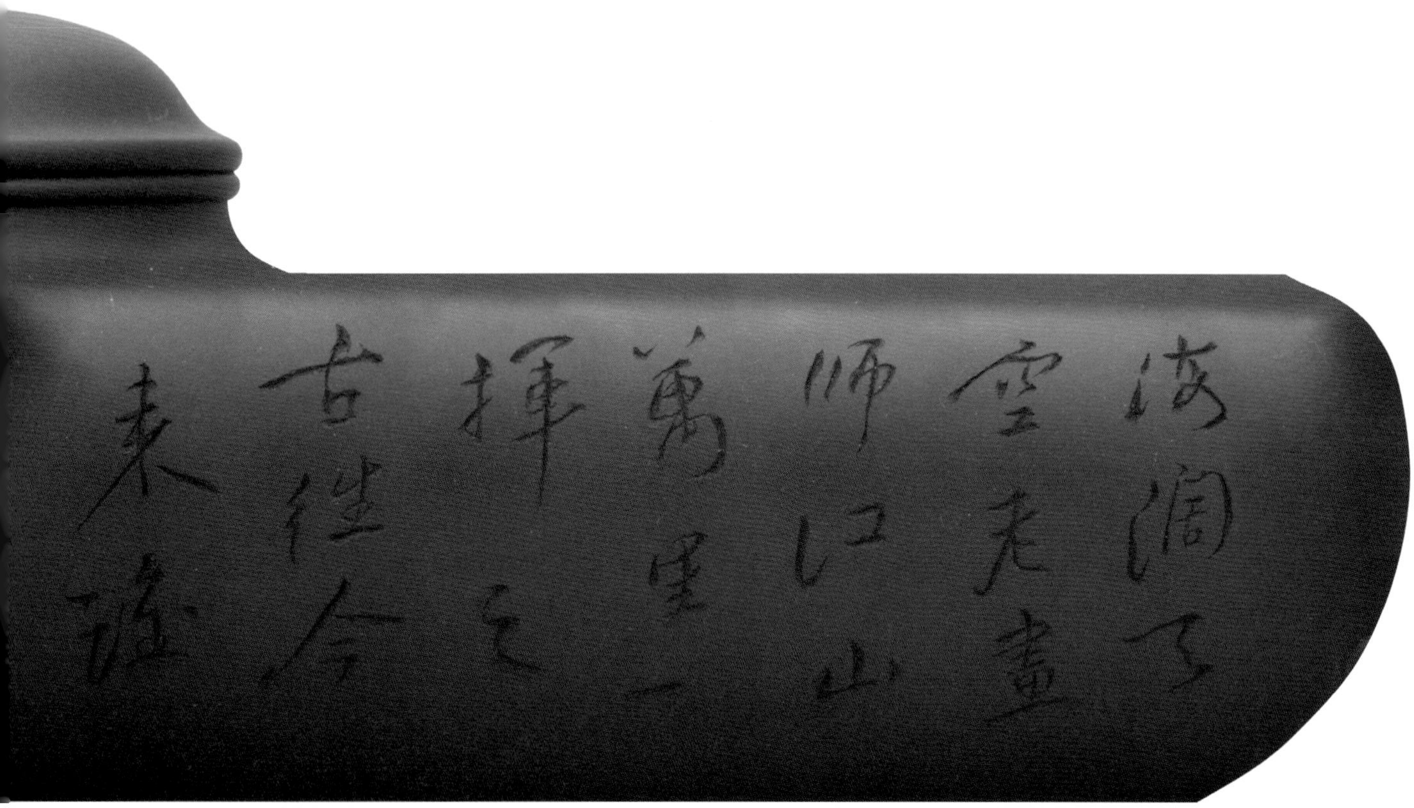

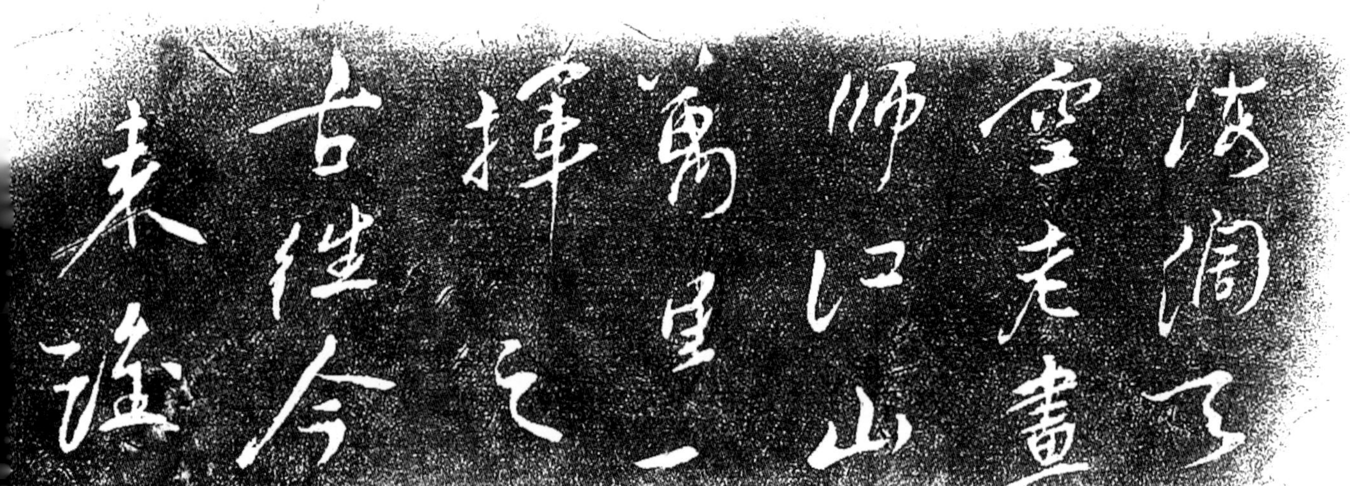

掇球壶　周桂珍

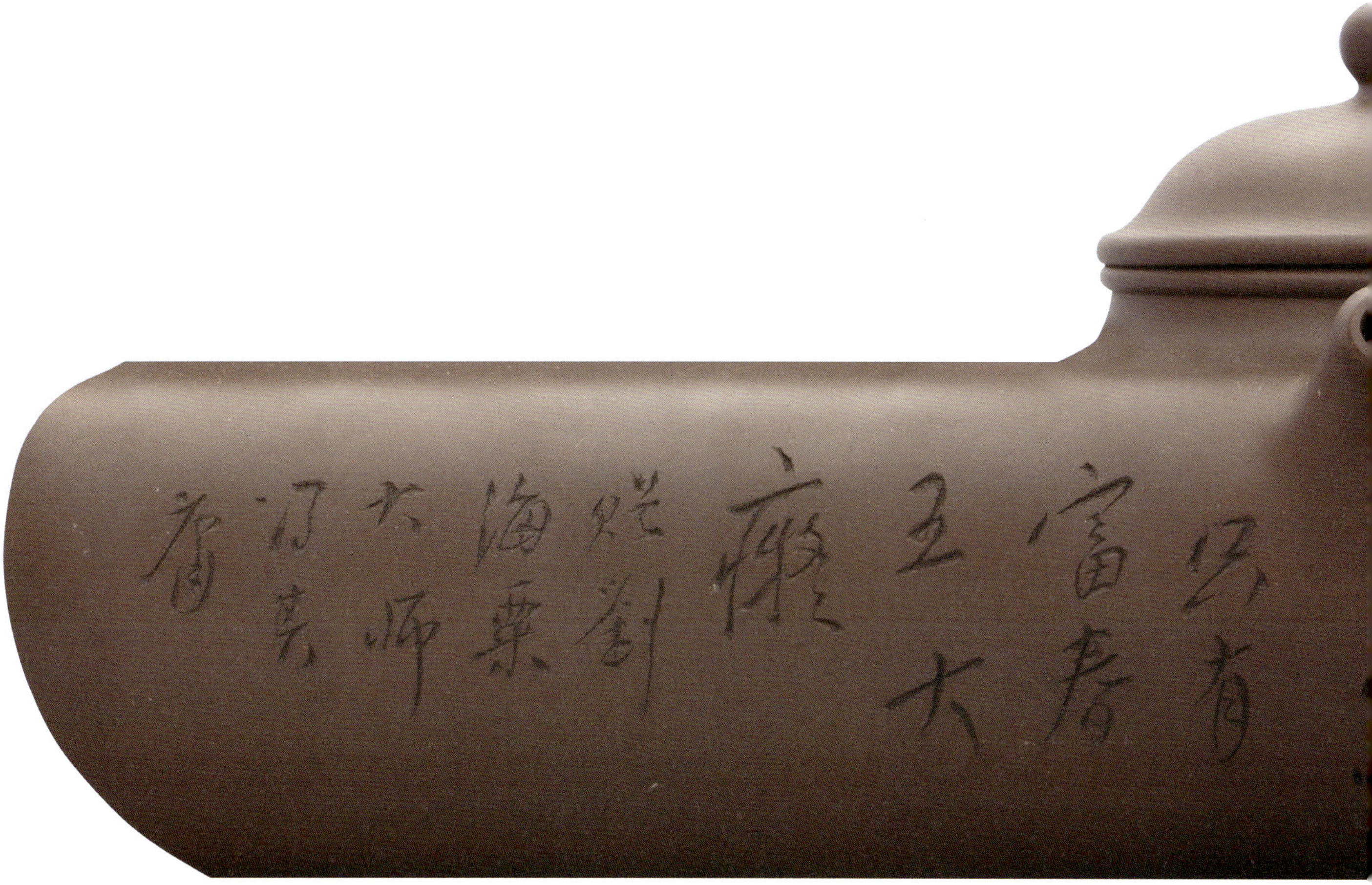

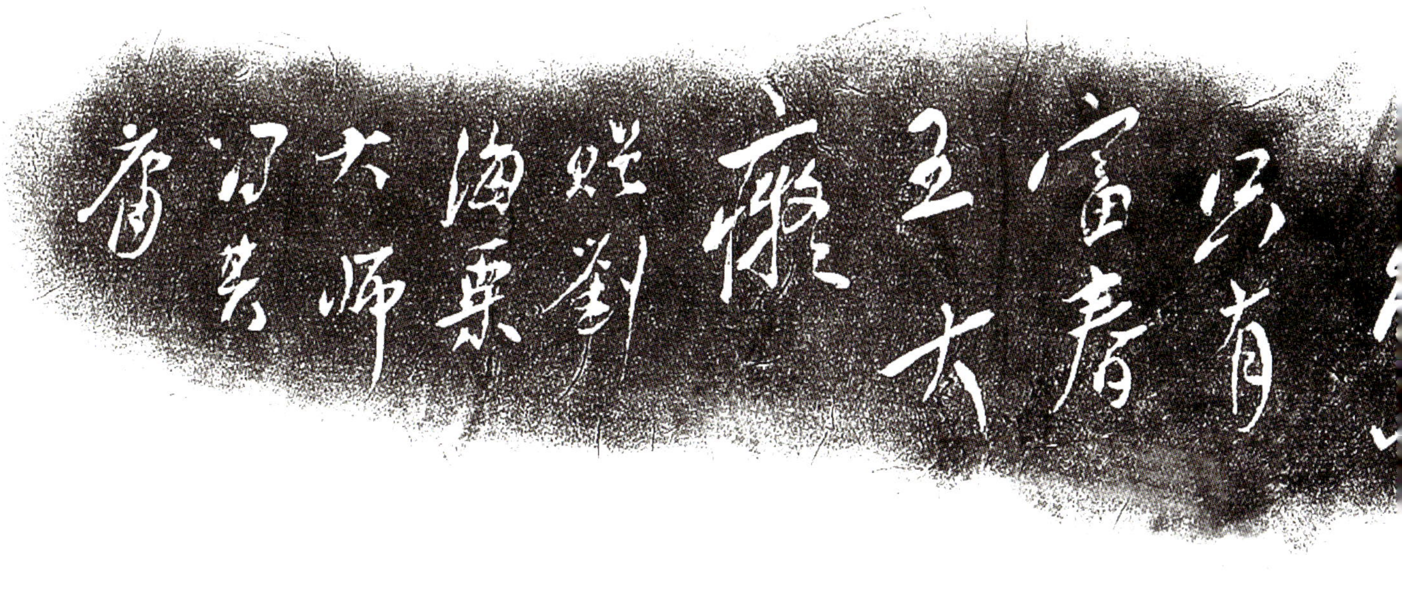

021

現代　周桂珍 製

臥虎壺

高8厘米

蓋印：周、桂珍

把印：桂珍

底印：周桂珍造

虎壺被認爲是驅邪的吉祥物。此壺模擬一蹲伏虎，方中帶圓。虎頭爲壺嘴，短直有力；壺把與壺身相諧，一氣呵成，棱角分明，充滿陽剛力度；壺蓋飽滿可觸，蓋面加飾如意紋樣，蘊含祥瑞氣息；蓋摘手塑一只驚覺回首的伏虎，神態生動，與壺體貼切。（一）

【注釋】

（一）參見顧景舟《宜興紫砂珍賞》頁二四〇。

臥虎壺　周桂珍

022

現代　周桂珍　製

陶靈壺

高7.6厘米　口徑6.1厘米

蓋印：桂珍

把下印：桂珍

底印：周桂珍

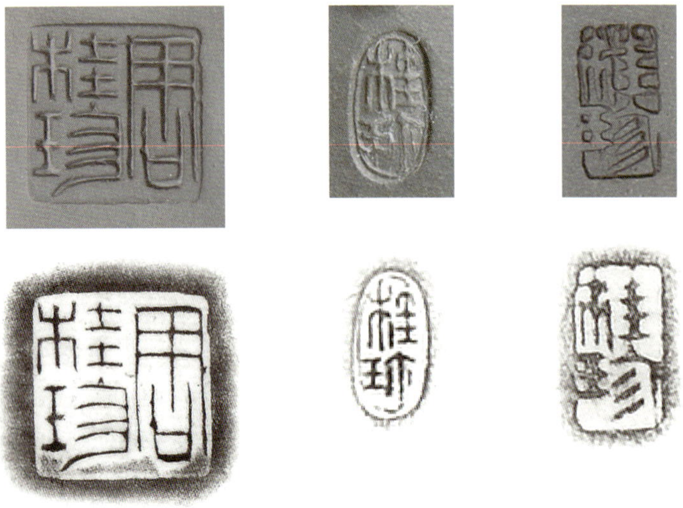

023

現代 周桂珍 製

馮其庸 書 徐秀棠 刻

調砂印方壺

高6厘米 口徑5.2厘米

蓋印：瓜飯樓、桂珍

把梢印：桂珍

底印：瓜飯樓

壺身銘：

黃岳歸來兩袖雲。人間一笑太紛紛。

多公又奮如椽筆，揮灑清風滿乾坤。

奉題劉海老十上黃山畫展 馮其庸

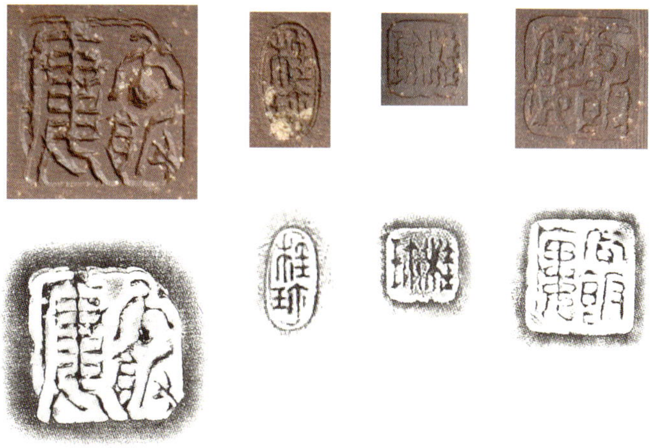

調砂印方壺 周桂珍

調砂印方壺　周桂珍

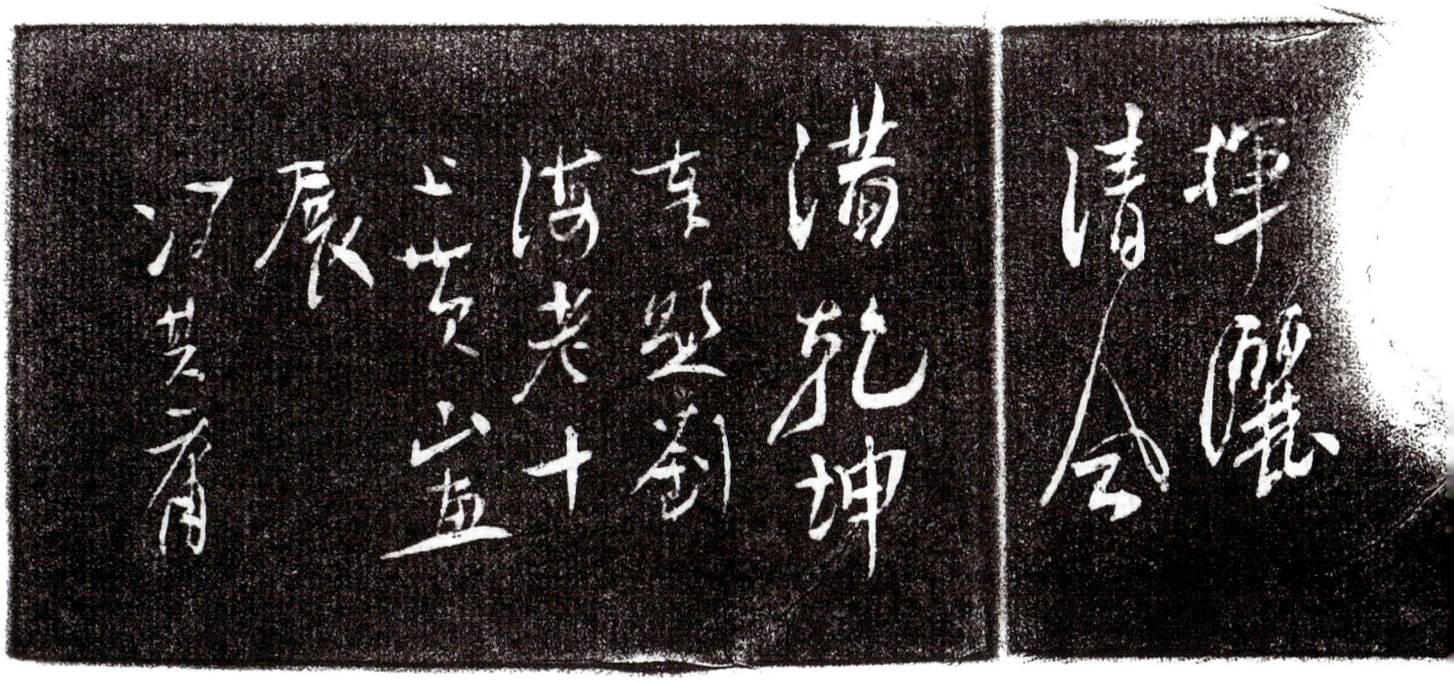

024

現代　周桂珍　製

柿圓壺

高6.5厘米　口徑5.4厘米

蓋印：桂珍

把下印：桂珍

底印：桂珍

壺內底款：壬辰春七旬作

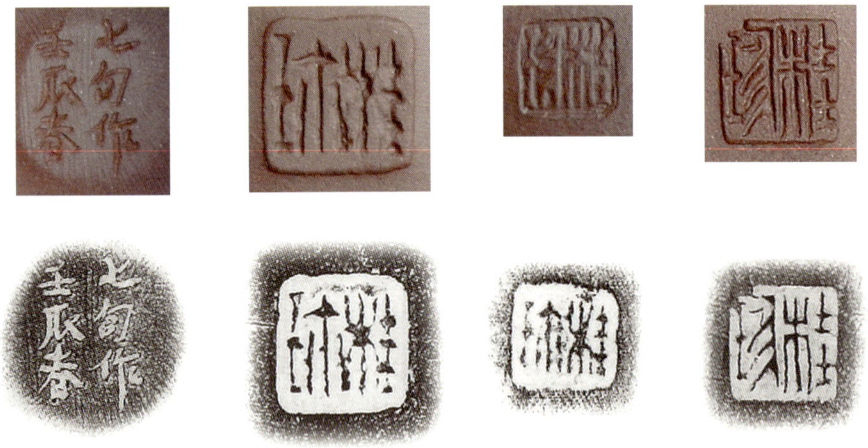

025

現代　周桂珍 製

馮其庸 詩、書　石泉 刻

柿圓壺

高 12.1 厘米　口徑 7.3 厘米

蓋印：曾經滄海、一片冰心在玉壺

把梢印：桂珍

底印：瓜飯樓

底刻款：石泉銘

壺身銘：

南來消息一江秋。古壁花山惹夢遊。

千載誰憑椽大筆，青山作紙畫神虬。

題花山岩畫，馮其庸己巳六月

柿圓壺　周桂珍

柿圓壺 周桂珍

南來消息江秋古堡花山蒼夢醒千載遶沉檀

大業青山仏狩畫神州起毛山岩畫汨其肩汨已三月

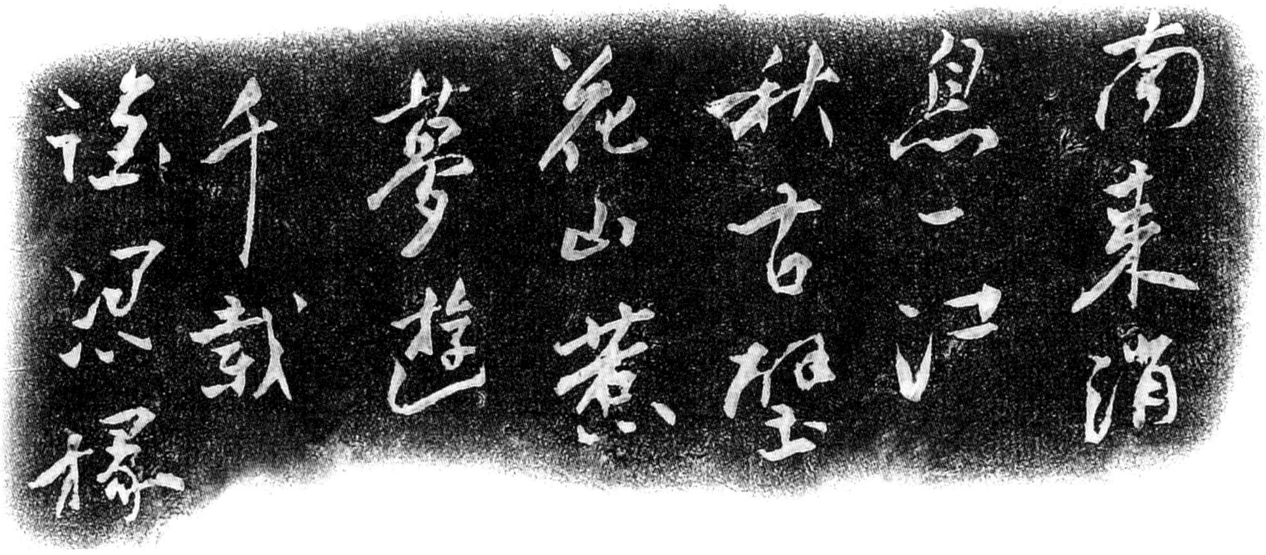

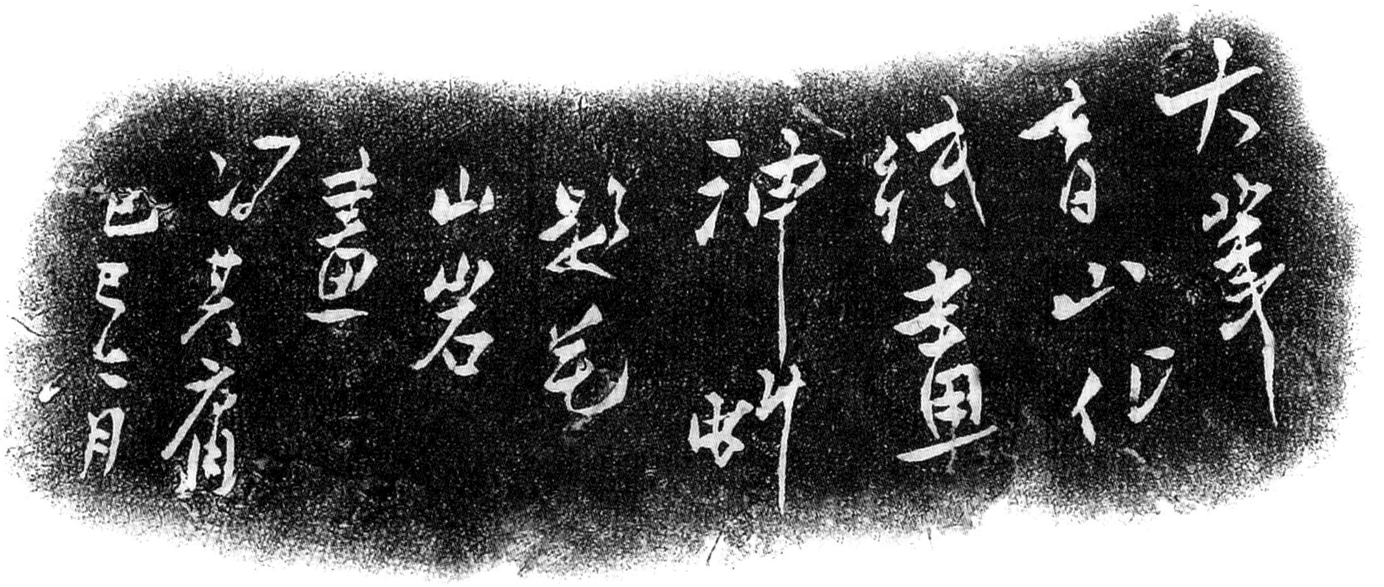

026

瑞獸吉祥壺

現代　周桂珍 製

馮其庸 詩、書　徐秀棠 刻

高9厘米　口徑6.4厘米

蓋印：桂珍

把梢印：桂珍

底印：瓜飯樓

底刻款：秀棠鎸

壺身銘：

黄葉漫山碧玉村。秋風匹馬細柳營。匆匆行色皋蘭道，千里高原銷客魂。自天水至蘭州道中所見，庚午十一月馮其庸

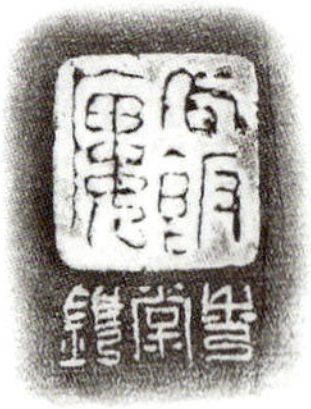

黃葉漫
山碧玉村
秋風匹
馬細柳
營匆々
行色凖
蘭道

千里高
原銷客
魂
自天水至
蘭州道
中所見
庚午十一
月
馮其庸

027

現代　馮其庸 設計　周桂珍 製

馮其庸 書

玉匏提梁壺

通高20.5厘米　口徑6.9厘米

蓋印：周、桂珍

把梢印：桂珍

底印：瓜飯樓

壺内底款：辛巳八月，作壺北京

壺身銘：瓜飯樓壺

寒碧主人製，寬堂自題，辛巳露白風

清日　寬堂

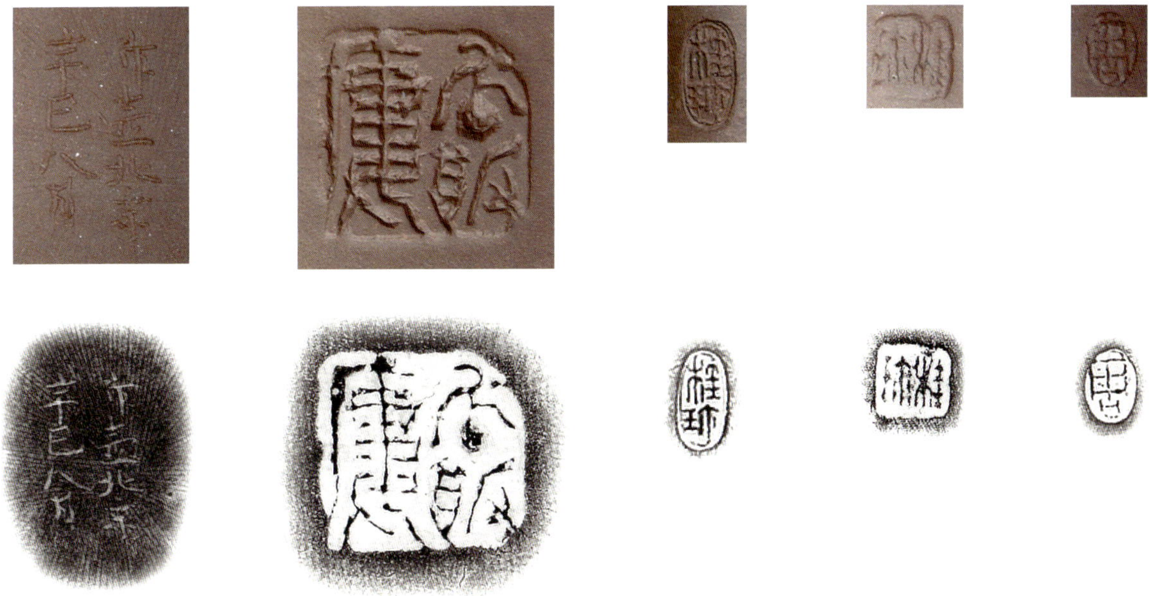

現代　周桂珍 製　馮其庸 詩、書、畫

028

大掇球壺

通高12.5厘米　口徑8.1厘米

蓋印：周、桂珍

把梢印：桂珍

底印：瓜飯樓

壺内底款：京華　桂珍手製　戊寅年正月

壺身銘：

昨夜黄山大雪飛。故人約我上翠微。
我今天寒脚力薄，空對清溪雪滿衣。
含毫且作袁安圖，夢裏依稀雪掩扉。
且待他年把酒看，不知當時是耶非。
寬堂

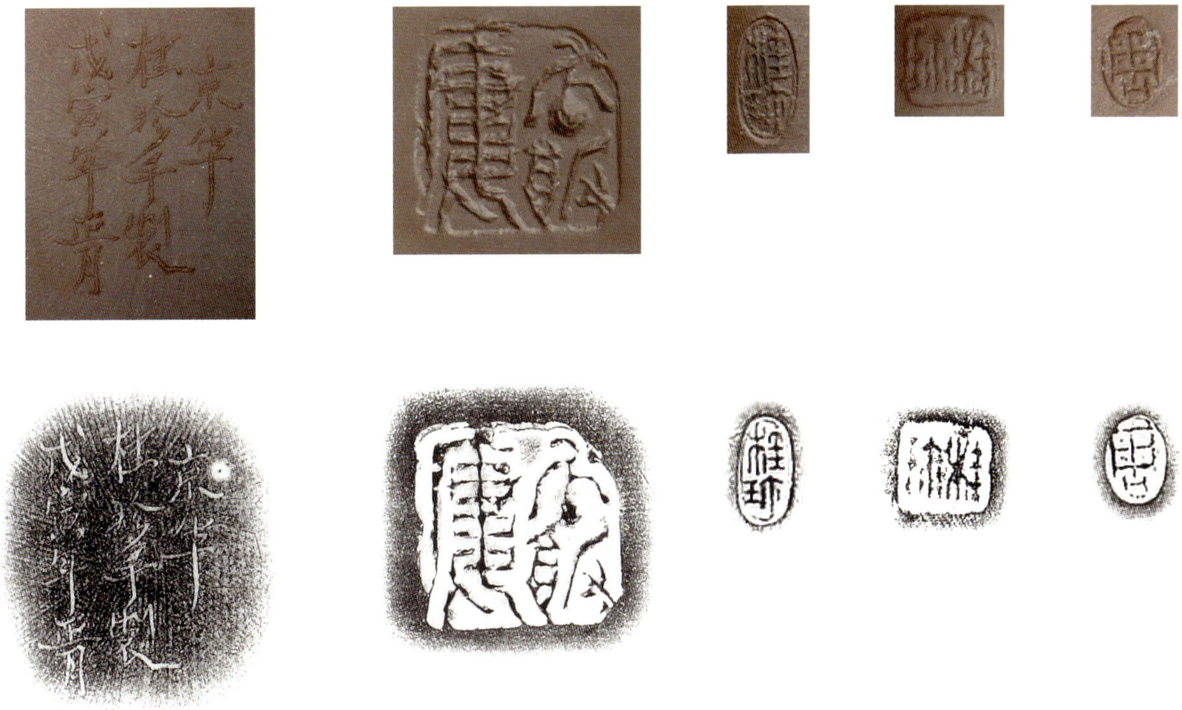

大掇球壶　周桂珍

瓜飯樓藏紫砂壺

昨夜束蒼山 大雪迷古故 人約我上翠 微我今天空 腳力蒼穹時 清溪雪滿衣 含毫且沉吟 高圖共裏濃 稀雲掩且寺

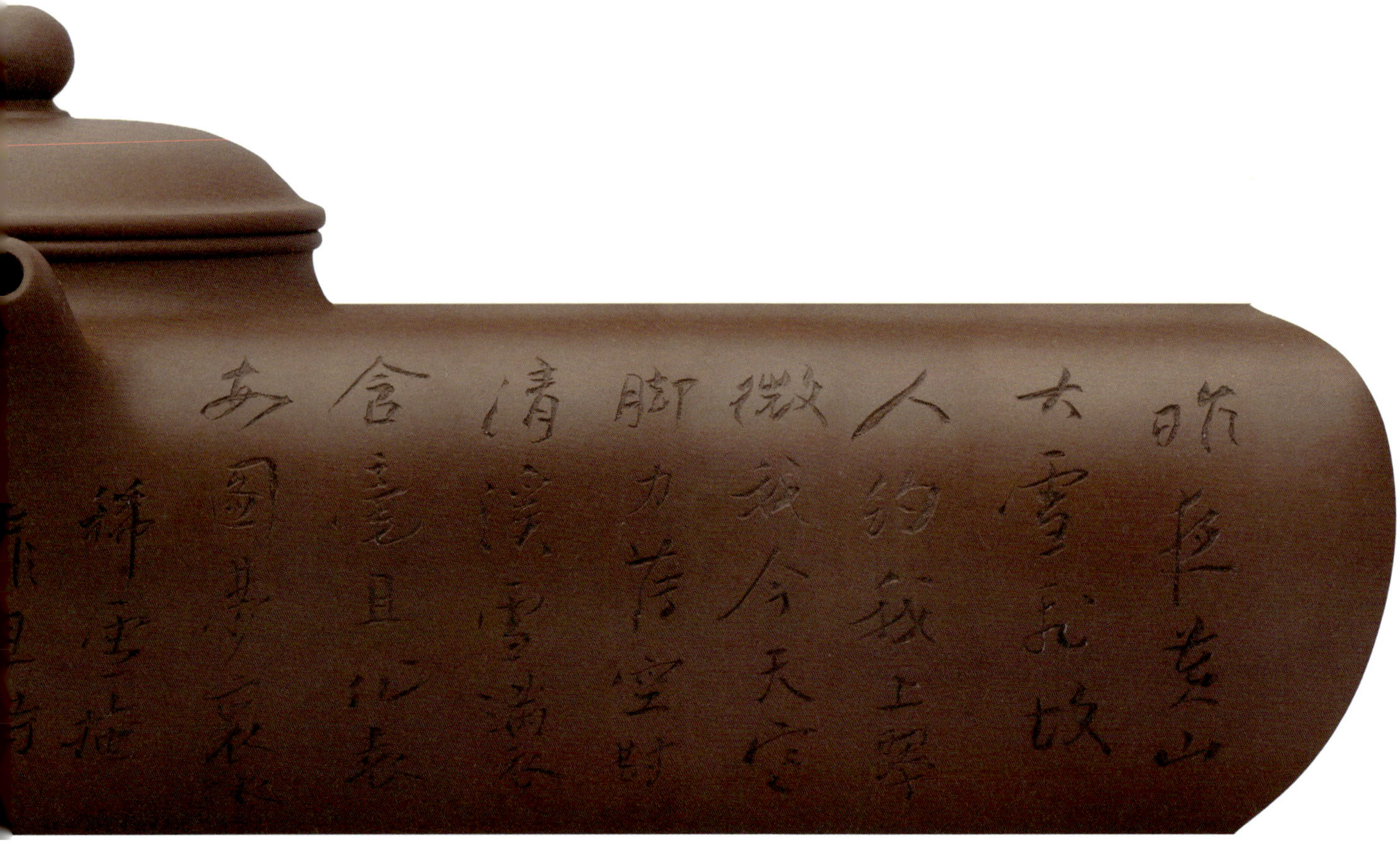

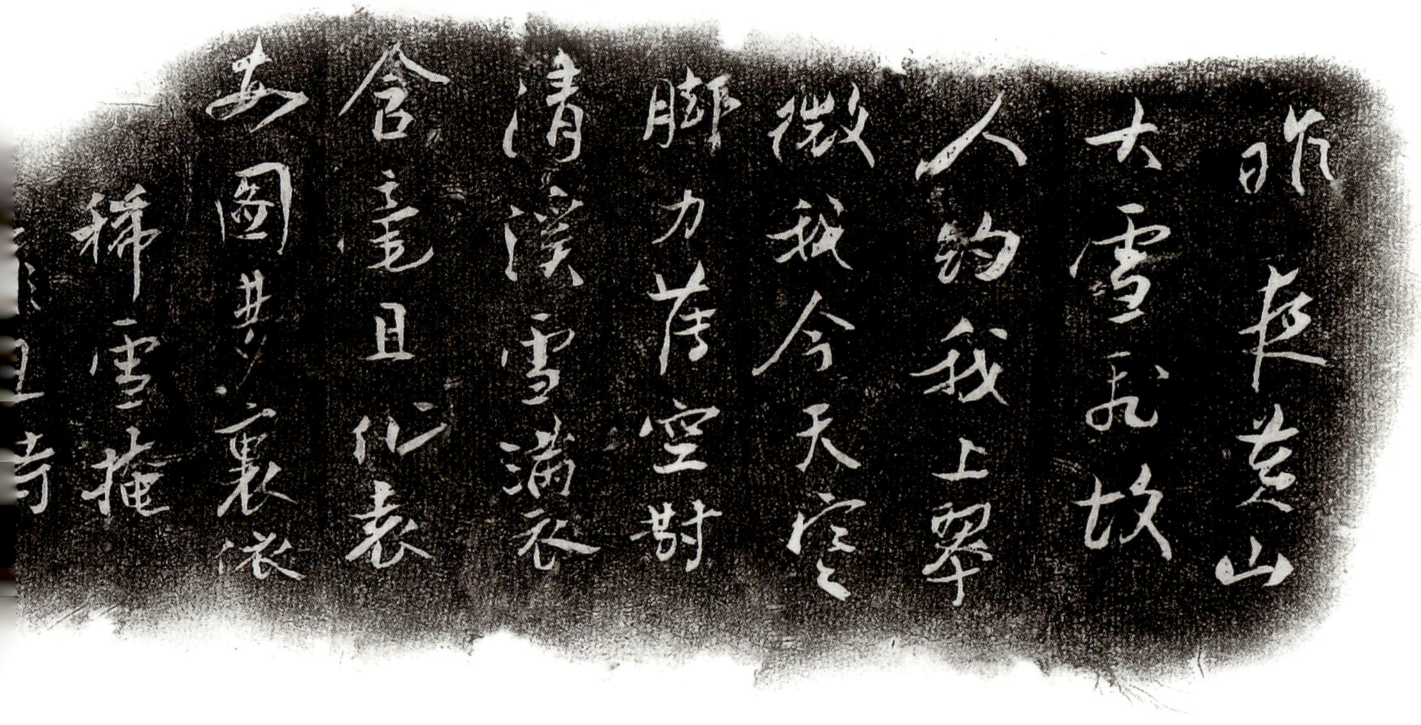

李碧芳

李碧芳，女，高級工藝美術師。一九三九年生於江蘇省宜興丁蜀鎮。一九五五年考入『蜀山陶業生産合作社紫砂工廠紫砂工藝學習班』，拜朱可心先生爲師，學習紫砂製陶技藝。她在恩師指教下，年輕時就享有『男有春芳，女有碧芳』的贊譽。一九五八年受聘任紫砂工藝輔導，開始培訓學徒，二十多年先後培養了數百名技藝人才。她不斷進取，不僅掌握了光器、花器、筋瓢器製作的泥性和技法，還學習其他老藝人的長處，爲己所用，不斷攻克技術難關，攀登技術高峰。

一九八二年鎮江地區授予她工藝美術師稱號。一九八四年晉升爲高級工藝美術師。

她的作品純樸優雅，形態端莊，技法精湛，富有書卷氣。一九七二年製作的《花提壺》被上海博物館收藏；一九八七年《井欄壺》被中南海紫光閣收藏；一九八八年與張守智合作的《藝瓢》和《春爐提梁》被香港茶具文物館收藏。

029

現代　李碧芳 製　馮其庸 詩、書

高井欄壺

通高11厘米　口徑6.9厘米

蓋印：碧芳、碧芳（兔形）

把梢印：李

底印：李碧芳製

壺身銘：

廿載校紅事已癡。个中甘苦阿誰知。

多公一幅名山圖，持向蒼蒼問硯脂。

己巳六月自題校紅圖

寬堂馮其庸

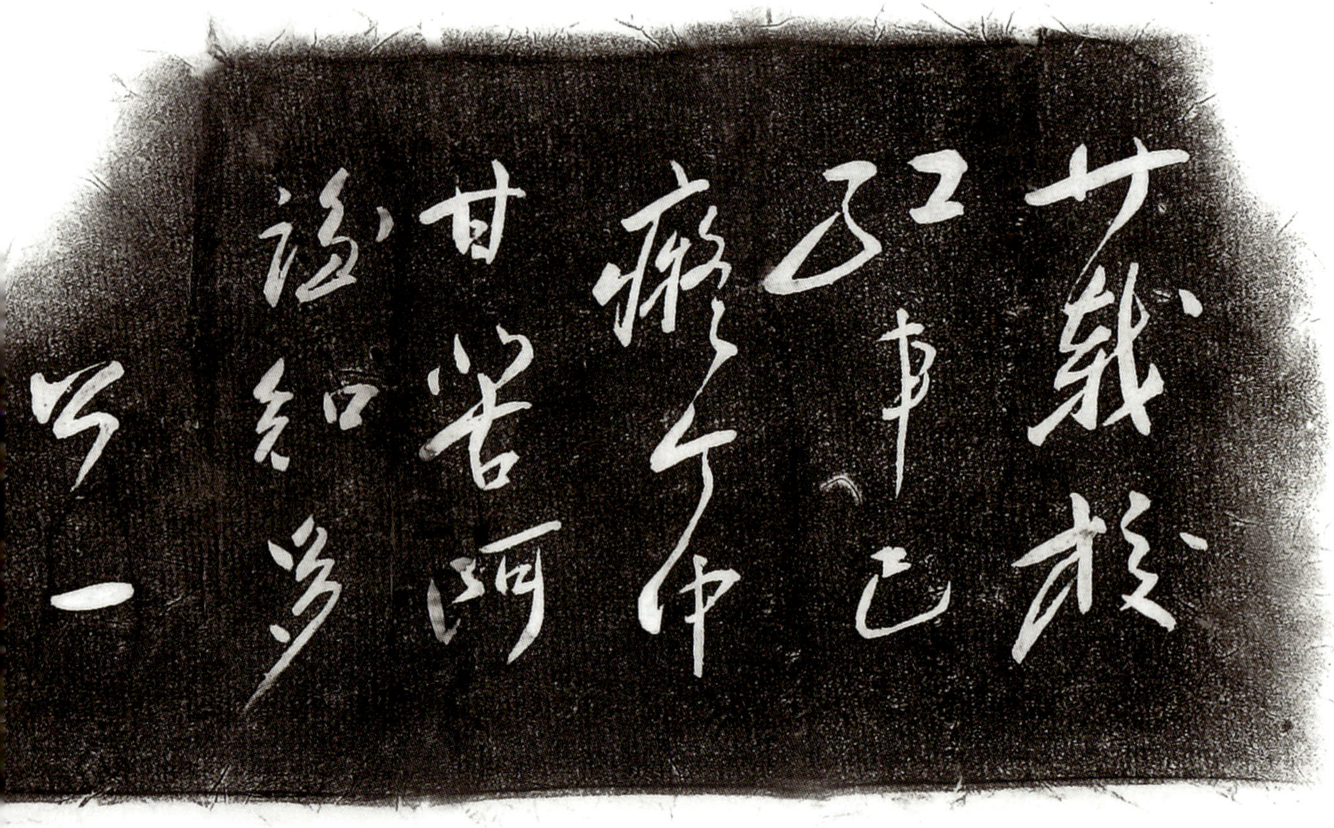

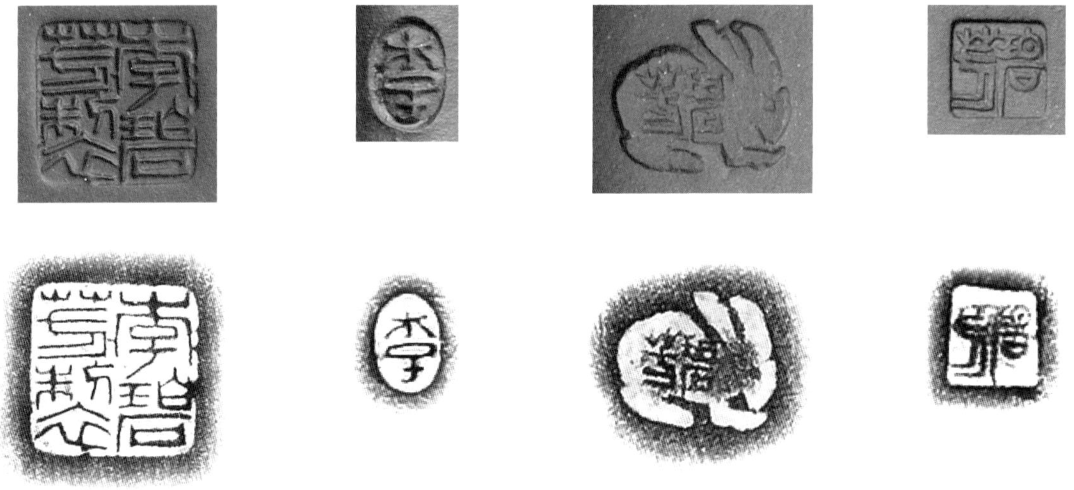

高井欄壺　李碧芳

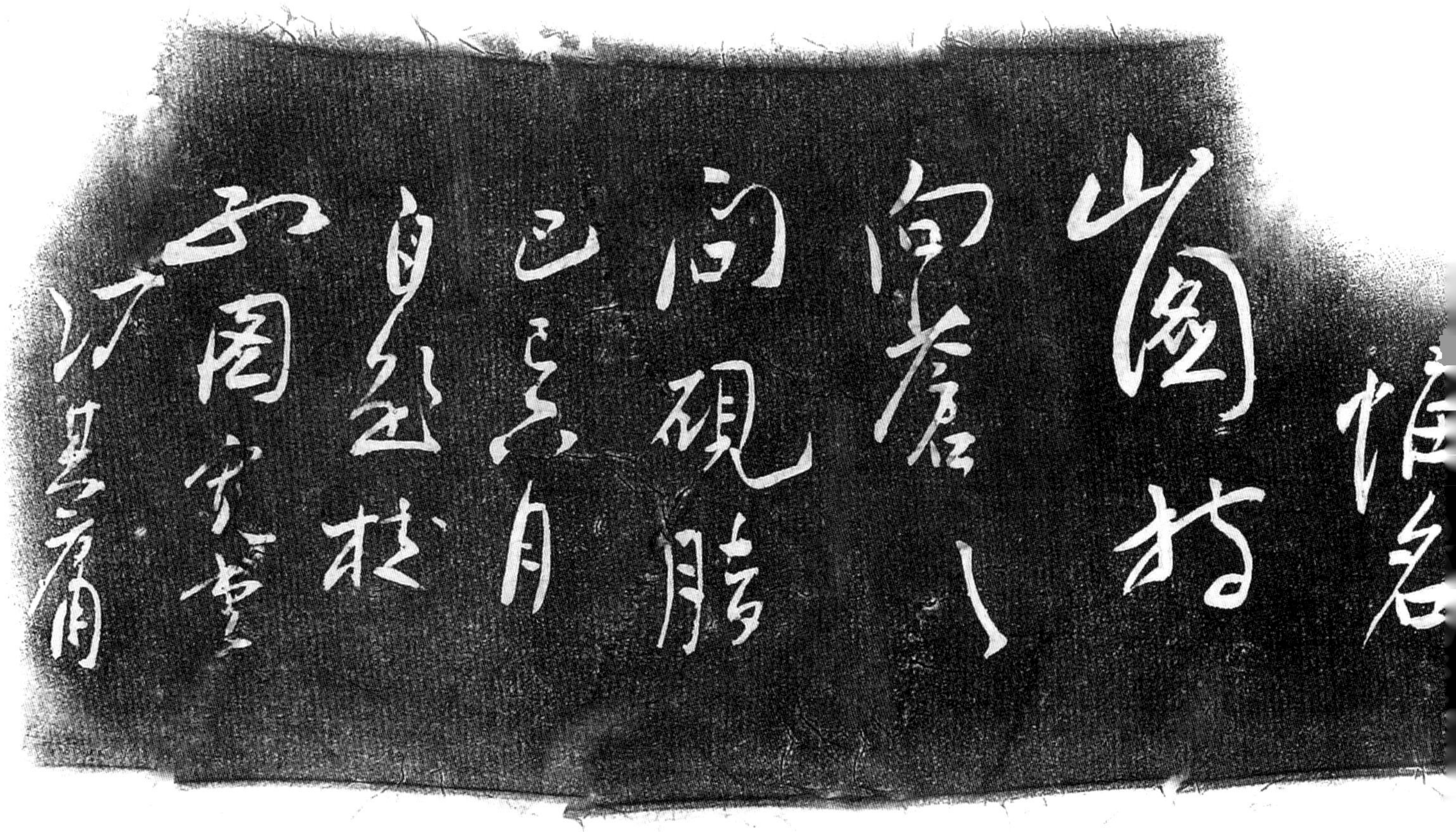

高振宇

高振宇，一九六四年出生於宜興的陶藝世家，父高海庚，母周桂珍。一九八二年師從於紫砂壺藝泰斗顧景舟學習紫砂壺傳統技藝，一九八九年畢業於南京藝術學院工藝美術系，一九九三年畢業於東京武藏野美術大學工業設計系陶瓷專業，獲碩士學位，同年回國進入中國藝術研究院建立陶瓷藝術研究室。現爲中國藝術研究院研究員、魯迅美術學院客座教授、中央美術學院人文學院客座研究員等。作品入藏中國國家博物館、中國美術館等國内外著名文化機構。

曾先後舉辦過二十餘次國際、國内展覽。一九九三年在東京、一九九七年在中國美術館、一九九八年在東京三越畫廊等地舉辦了個人作品展。他的創作主張是將現代陶藝與人們生活相結合。他以器皿陶藝爲創作主題，認爲器皿中既可以容納藝術創作的激情，同時也可以體現以人爲本、愛護環境的現代理念，這種創作思想在我國陶藝界引起很大的反響，并逐漸形成一種潮流。近年來他的創作受到國内、國際的廣泛關注，如以影青瓷水理紋系列、紫砂歷史系列、青瓷、黑釉、彩繪，所形成的純、静、清、悟、稚五個系列作品，取得了很大的成功。

030

現代　高振宇 製　馮其庸 詩、書

仿時大彬隱元壺

通高12.2厘米　口徑6厘米

把梢印：高

底印：高振宇

壺内底款：辛巳歲末，三之一

壺身銘：

打窗急雨別離聲。都是淒淒客子情。

後夜燈殘月半墮，問君何日是歸程。

辛巳歲暮自編《剪燭集》成，率題一絶。

寬堂，時年八十

此壺裝在一個木頭盒裏，馮其庸先生題盒蓋曰：『仿時大彬製隱元禪師壺，高振宇仿，爲《剪燭集》出版紀念。原壺藏日本萬福寺。寬堂馮其庸題。』

按：這裏原壺指的是中國禪宗臨濟宗高僧隱元大師帶往日本所用的物品，保存於日本京都萬福寺。壺身有銘文『茶熟清香有客到，一可喜。時大彬仿古』十五字。據《歷史大辭典》介紹：隱元禪師（一五九二—一六七三），明末清初福清（今屬福建）人，俗姓林，名隆琦，以號行。二十九歲出家，先學《法華經》，又習《楞嚴經》，屬臨濟宗楊岐派人。住黃檗山。南明永曆八年（一六五四）應華籍日僧逸然之請，得鄭成功之助，從廈門到達日本長崎興福寺。後謁將軍德川家綱。日本寬文元年（一六六一）在京都宇治創建萬福寺，開黃檗宗，是爲初祖，廣傳佛法，日皇室賜號『大光普照國師』。

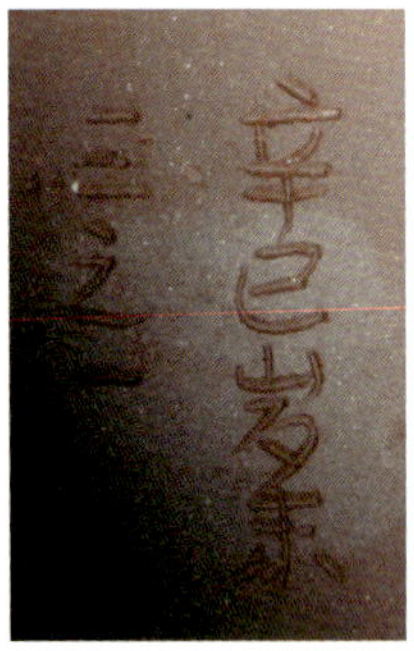

仿時大彬隱元壺　高振宇

打窗急雨別
韻影都是
清苦子情
逸發燼殘月
半墮問君何
日是歸程

辛巳歲
暮自鎬集
剪燭
成辛卯
一絕
寬堂
八十一年

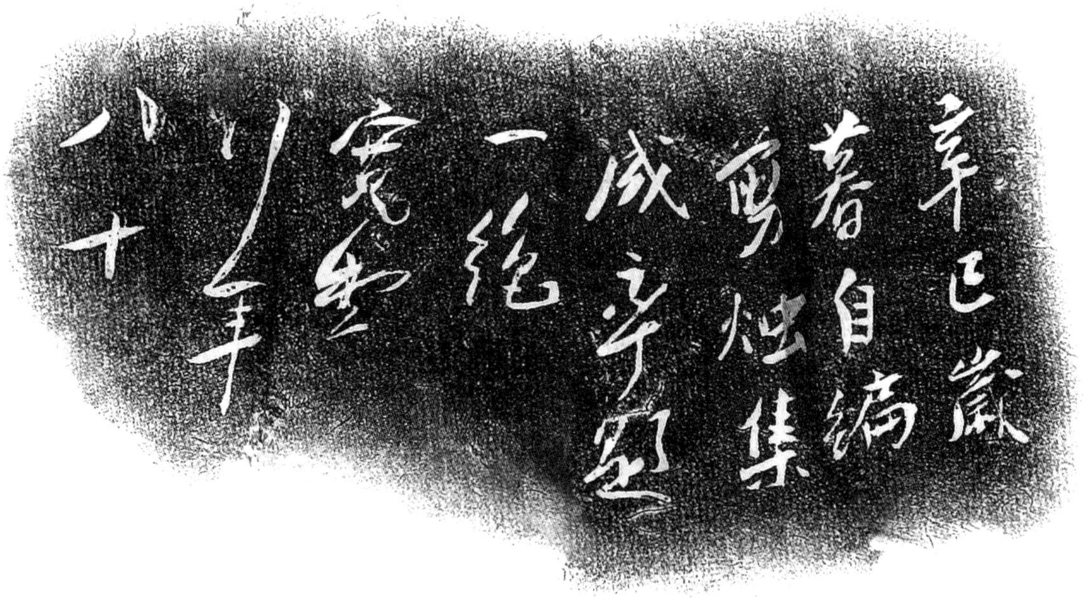

031

現代　高振宇 製

吉祥提梁壺

通高19.3厘米　口徑9.3厘米

蓋印：高、振宇

把印：高

底印：畫溪陶人

壺内底款：己丑冬月，高振宇作於京

吉祥提梁壶　高振宇

現代 高振宇 製 馮其庸 書、畫

032

石瓢壺

高6.3厘米 口徑5厘米

蓋印：振宇

把印：高

底印：高振宇

壺内底款：戊子冬，振宇作

壺身銘：此中有真味

振宇爲菉涓作

寬堂

按：此壺爲高振宇先生贈馮其庸先生夫人夏菉涓七十五歲大壽的生日禮物。

石瓢壶　高振宇

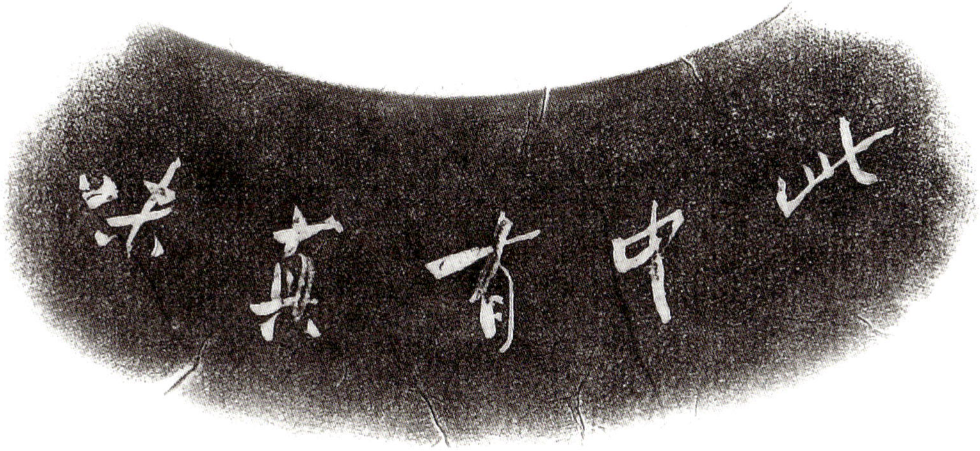

033

現代 馮其庸 設計 高振宇 製

徐秀棠 畫、題、刻 馮其庸 詩、書

大玉匏提梁壺

高35厘米 口徑7.5厘米

蓋印：振宇

底印：畫溪陶人、瓜飯樓

壺身銘：

老來壯志未消磨。西望關山意氣多。
橫絕流沙逾翰海，崑崙直上竟如何。
振宇賢阮爲製瓜飯樓壺，書舊作概予平生，而振宇此作，其藝自當傳後世也。

馮其庸八十又八書

秀棠寫并刻之

大玉匏提梁壺 高振宇

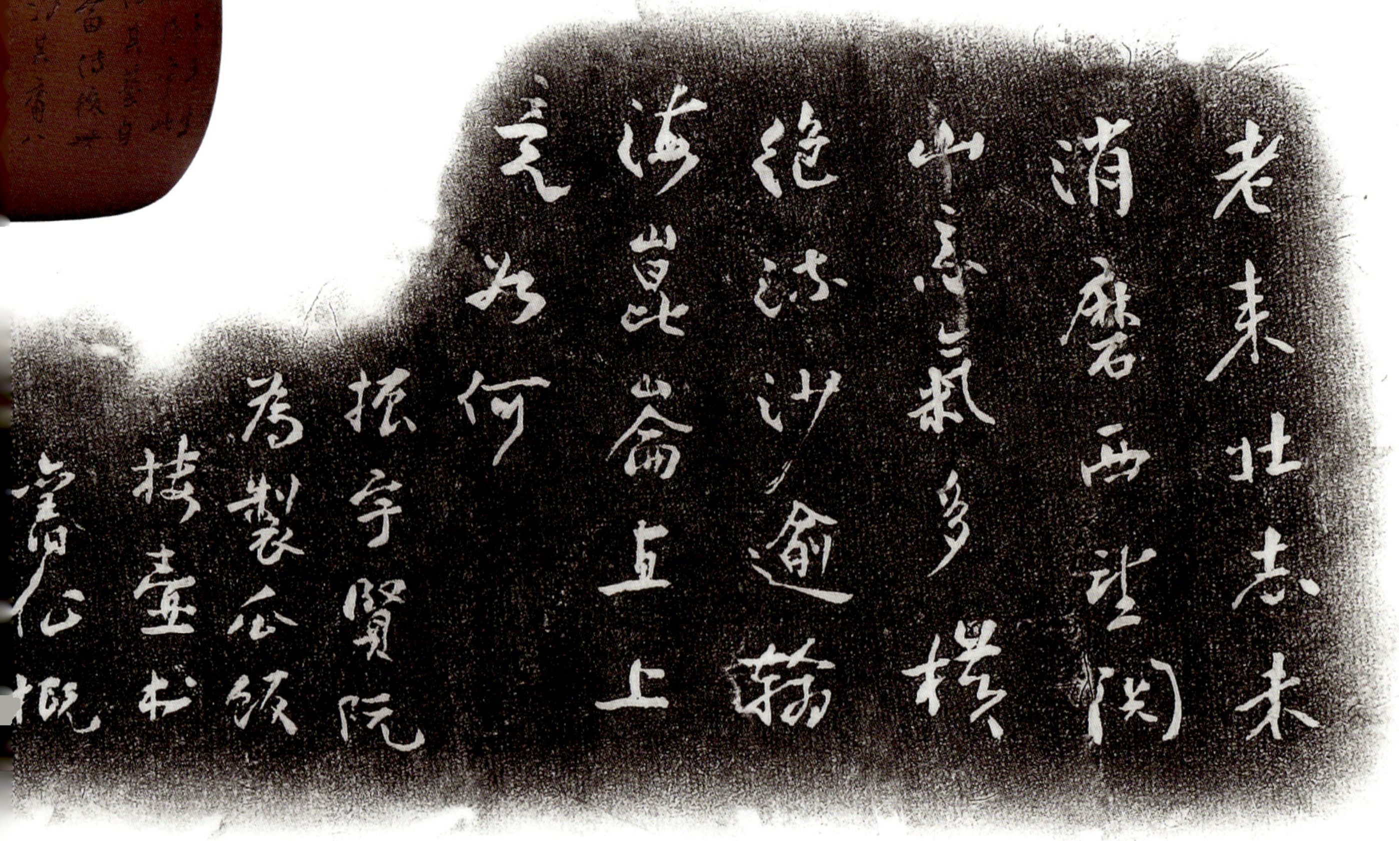
老来壮志未
消磨西望関
山意氣多横
振宇賢阮
為製瓜飯
樓壺并

大玉匏提梁壶　高振宇

大玉匏提梁壶　高振宇

老来壮志未
消磨西望关
山豪气多挂
绝漠沙逾荻
波堂岂肯走上
竟为何

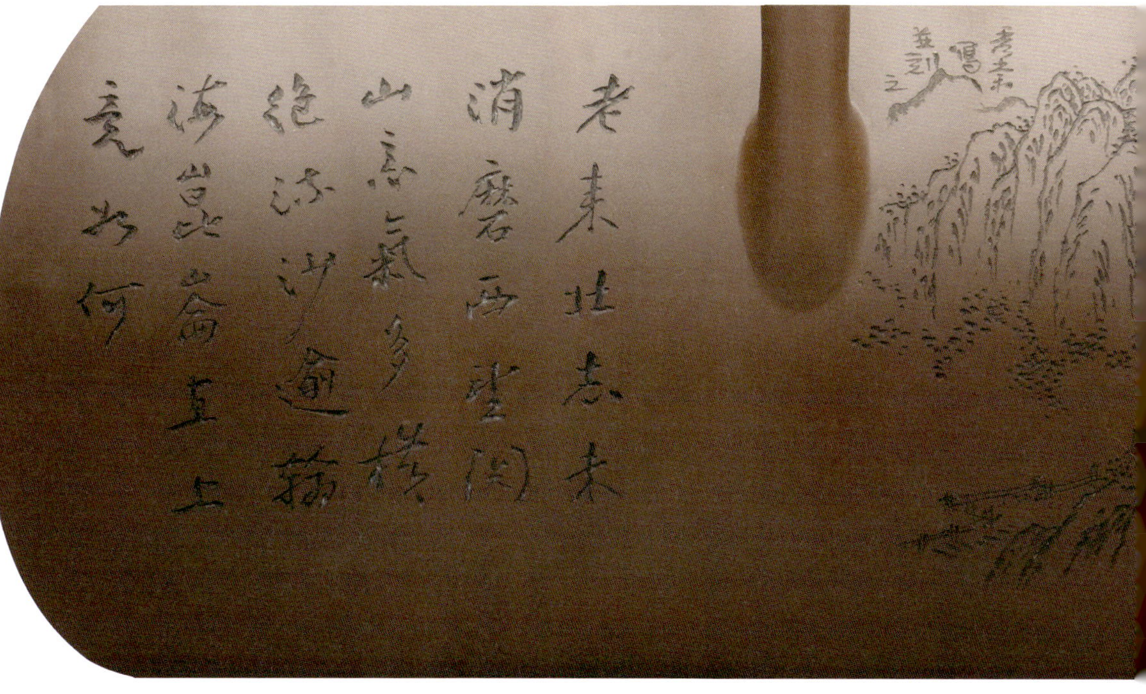

徐徐

徐徐，女，江蘇宜興人，一九六三年生於江蘇宜興，一九八二年始師從著名的中國工藝美術大師顧景舟，學習傳統紫砂工藝。一九九〇年留學日本，師從日本著名的陶藝家高橋弘。曾遍訪日本各大名窑，考察日本茶器之製作與燒製工藝。一九九三年回國進入中國藝術研究院，創立陶瓷藝術工作室。現任中國藝術研究院創作中心陶藝研究中心副研究員、中國茶學院客座教授等。曾參加日本、韓國、新加坡及中國臺灣、香港等地的紫砂藝術組展數十次。

作品以紫砂壺茶具創作爲主，以選料嚴格，工藝嚴謹細致、流暢扎實，風格簡潔精緻、清新秀麗著稱。通過近三十年默默耕耘，其紫砂藝術作品在海内外廣受好評，爲國内外諸多文化團體及個人所珍愛。

034

現代　徐徐 製

爐鼎壺

高8.9厘米　口徑6.7厘米

蓋印：徐徐

把下印：徐

底印：徐徐作匋

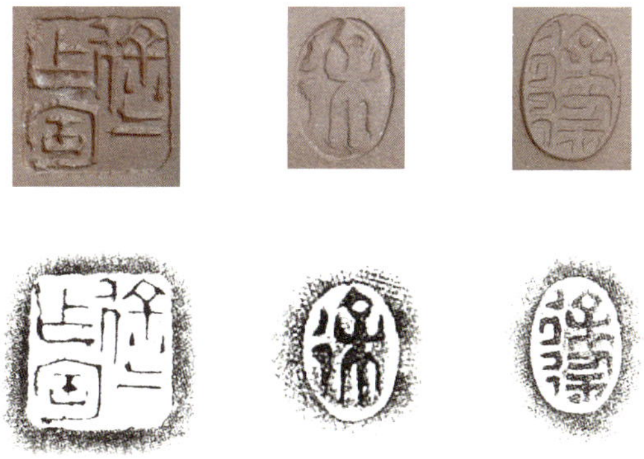

劉建芳

劉建芳，女，工藝美術師，一九七〇年生於江蘇宜興，一九九〇年進宜興紫砂工藝廠研究所，師從周桂珍學習全手工壺藝製作，一九九三年進中央工藝美術學院進修深造，經過多年的實踐，積累了豐富的經驗，創出了自己的風格，所製作品既繼承傳統又富有現代氣息。

035

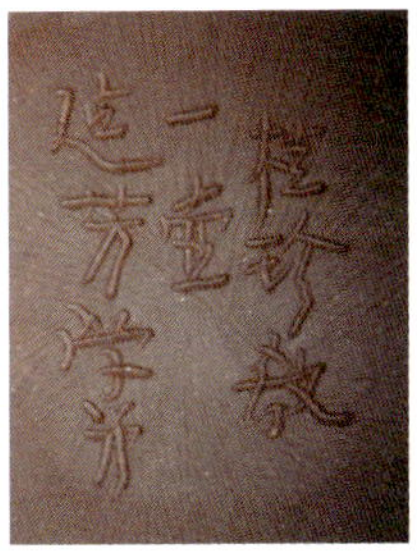

現代　劉建芳 製　馮其庸 詩、書

掇球壺

高 10.2 厘米　口徑 7.9 厘米

蓋印：建芳

把梢印：劉

底印：劉建芳

壺內底款：桂珍教一壺，建芳學

壺身銘：

孟津一世雄。六合誰與同。

振彼如椽筆，掃除鄙陋風。

偶然有細店，態勢失從容。

至若高渾處，登堂北海翁。

孟津縣題王鐸　馮其庸

瓜飯樓藏紫砂壺

盂津一世 絃云合詮 与月狠彼 光輝華 掃除鄙 隨峪偶 弦有 细

一一八

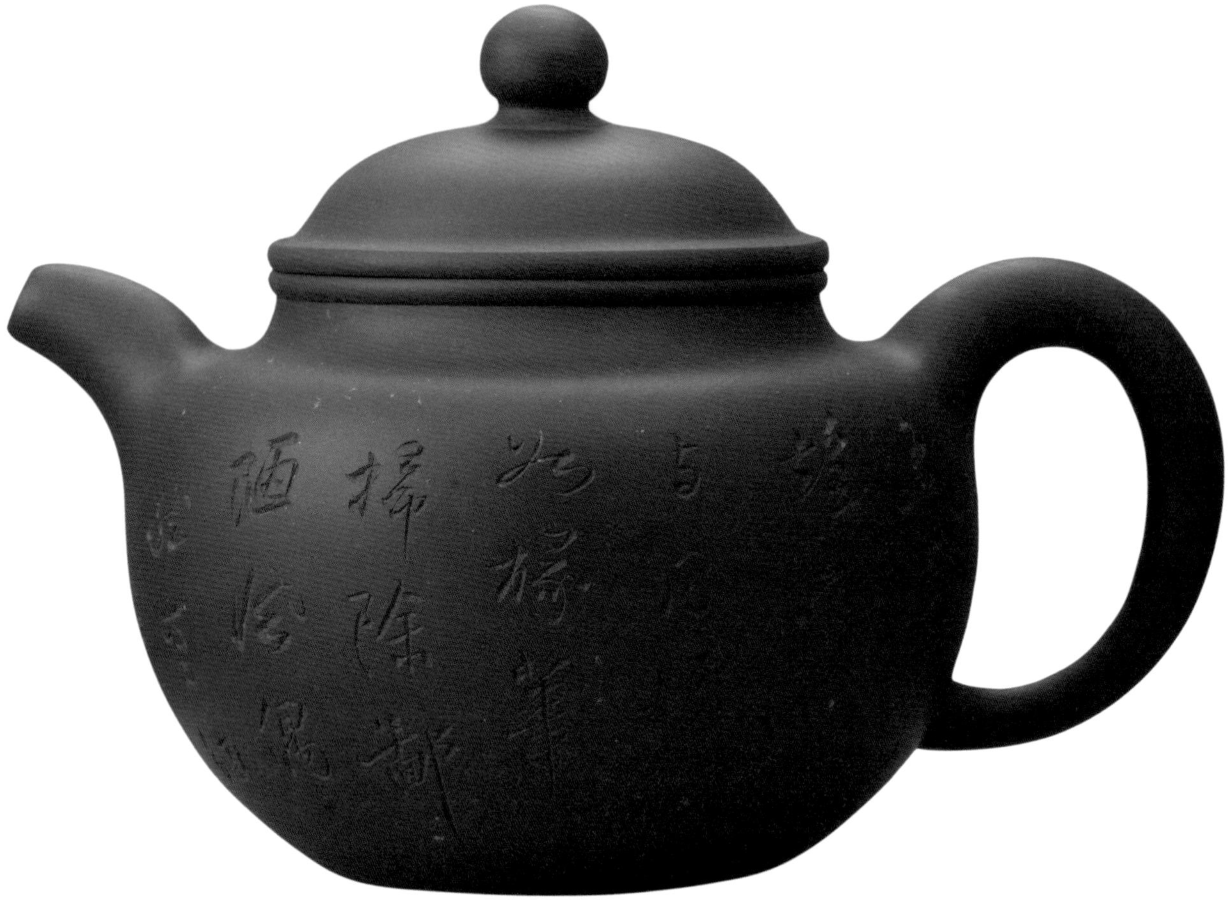

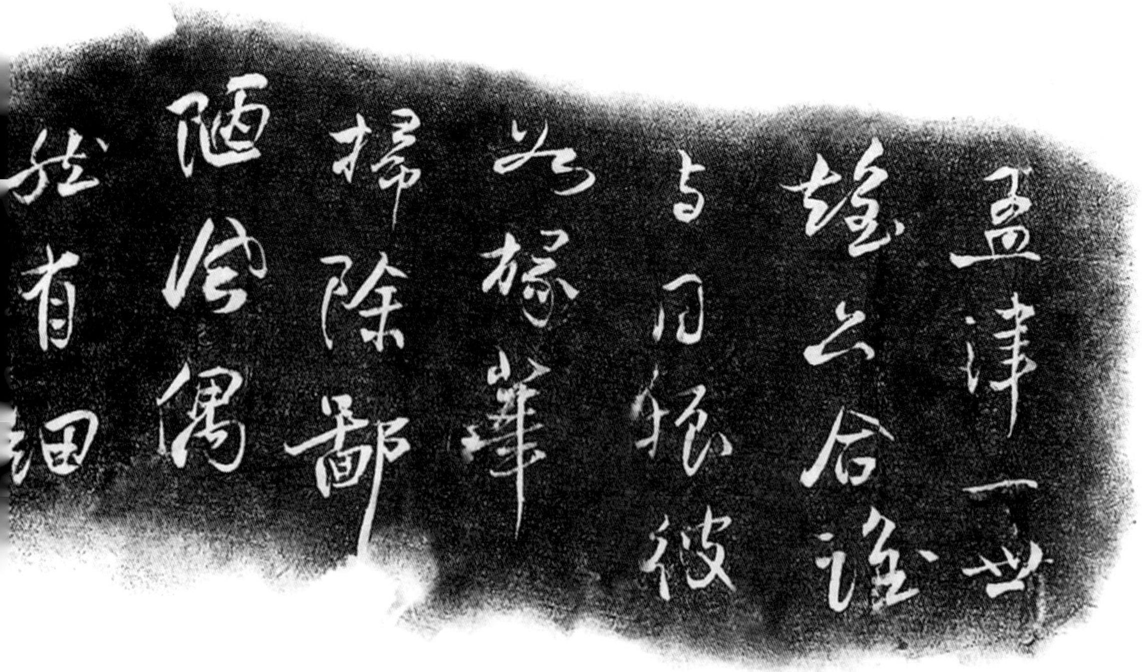

掇球壶　劉建芳

徐秀棠

徐秀棠，中國工藝美術大師，全國陶瓷美術學會理事，江蘇省美術家協會會員。一九三七年生於陶業世家，爲工藝美術大師徐漢棠胞弟。一九五四年隨著名藝人任淦庭學習陶刻。一九五八年在中央工藝美院『泥人張』——張景祜工作室學習民間雕塑，曾多次參加省内城市雕塑的創作設計。一九六〇年開始在淮海戰役紀念碑雕塑處工作二年。一九七二年開始專攻紫砂雕塑，闖出了紫砂工藝新路，并形成了自己的獨特風格。他對陶瓷歷史及造型藝術、美術理論都有研究。其作品大都取材歷史典故與民間故事，塑像栩栩如生，饒有情趣，獲得藝術界的很高評價。代表作有《四大書法家》《異獸》《鍾馗》《蕭翼賺蘭亭》《銀橋壺》等。《丙寅大吉集錦》《雪舟學畫》曾先後獲全國同行業設計創作一等奬。他善書畫、篆刻，又善茗壺創作設計，人稱紫砂工藝史上的一代『全才』。

周麗華，徐秀棠弟子。

036

現代　徐秀棠　監製

馮其庸　書、畫

石瓢壺

高8.8厘米　口徑6厘米

把梢印：寬堂

底印：馮其庸書畫展

壺身銘：寒夜客來當酒

寬堂

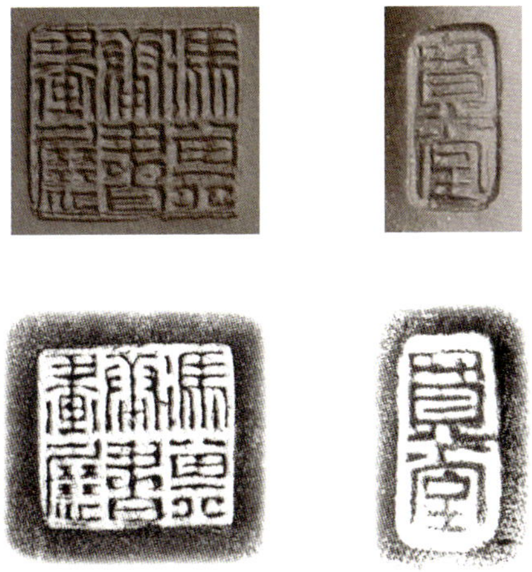

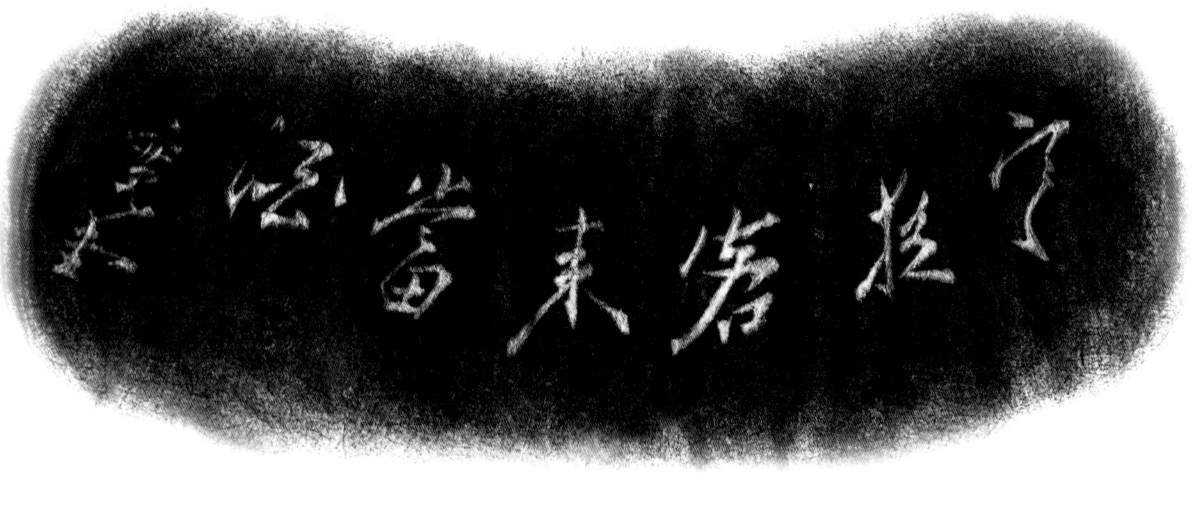

037

現代　徐秀棠 製、畫

馮其庸 詩、書　周麗華 刻

仿竹根大畫筒

高8.8厘米　口徑6厘米

印：麗華

壺身銘：

樂天樂地任吾游，踏破紅塵難覓愁。

秀棠書

自憐忽忽已成翁。半世憂患半世窮。

千里離家遊上國，百年一夢浪洶洶。

眼看四海風雲變，耳聽八方杜宇同。

長夜孤鐙心耿耿，一樽還酹太史公。

癸酉春日寬堂七十自述

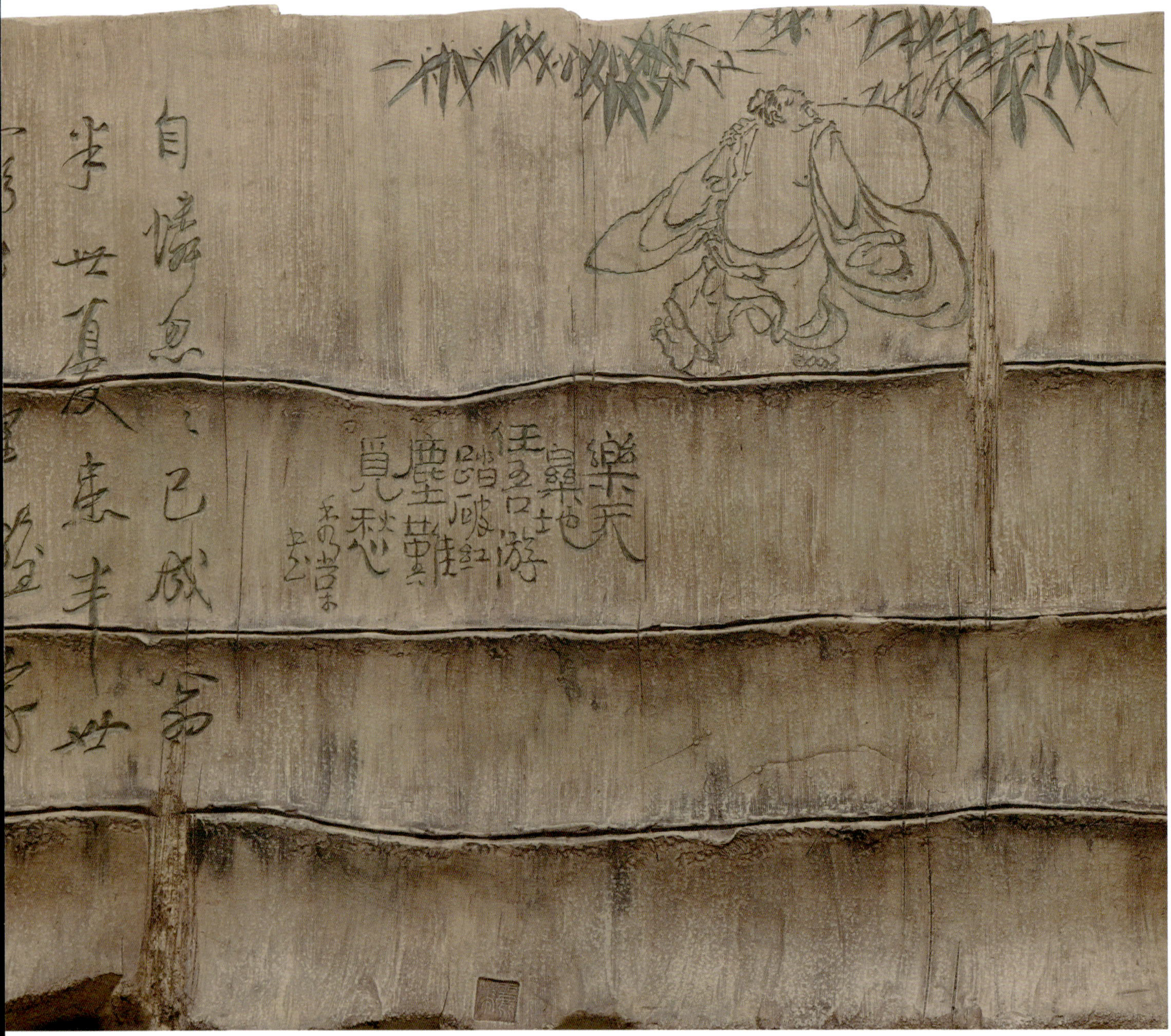

仿竹根大畫筒　徐秀棠

趙上閬浪淘淘百年眼一雲方來
看四海風社長回耽
字宇
孤鎧醻
樽
太史曰
山堂貢春日
自述七十

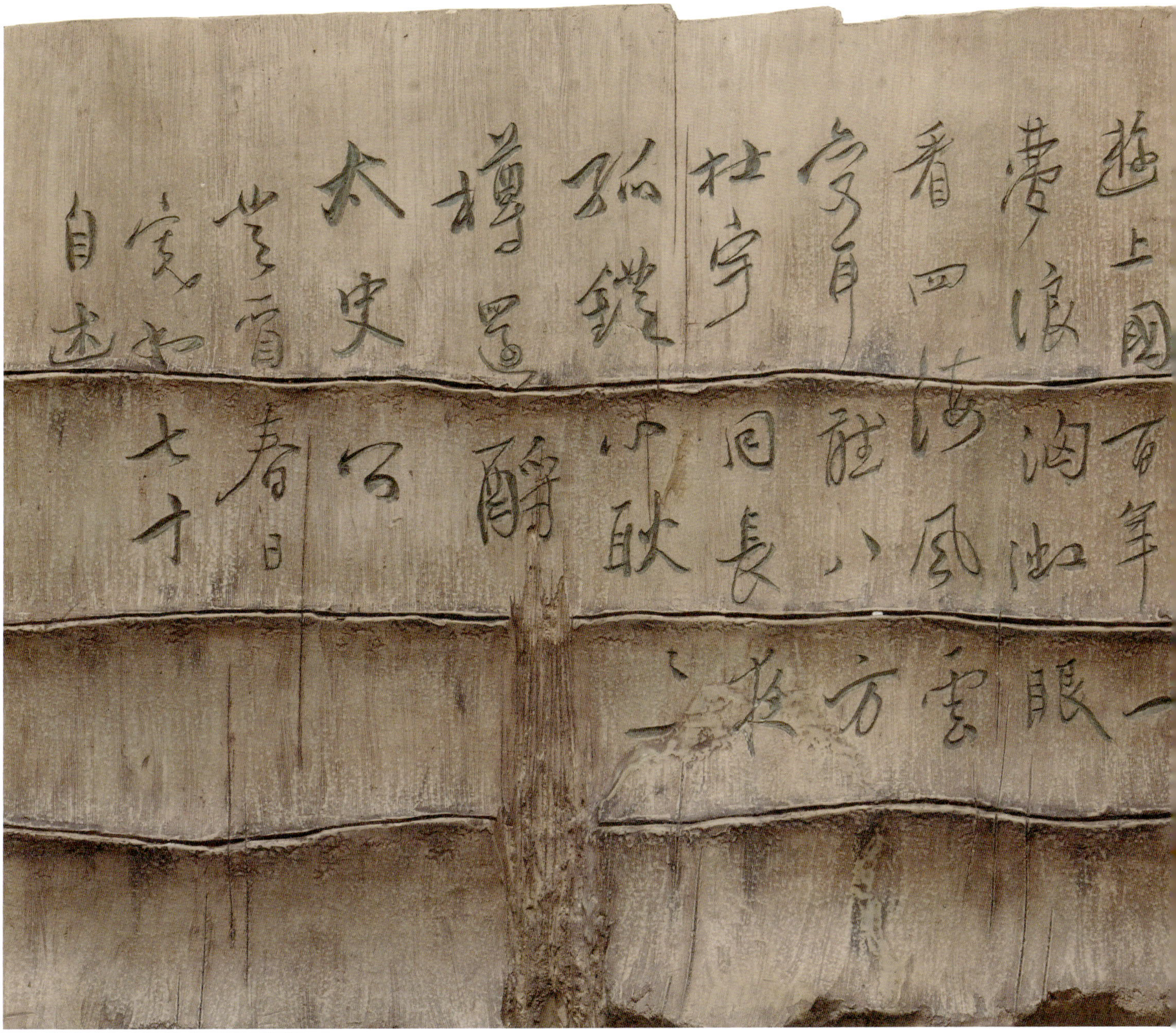

瓜飯樓藏紫砂壺

自憐魚已成隊

樂天地
自吴門放遊
任邛峽江
堙塵恩
見愁難

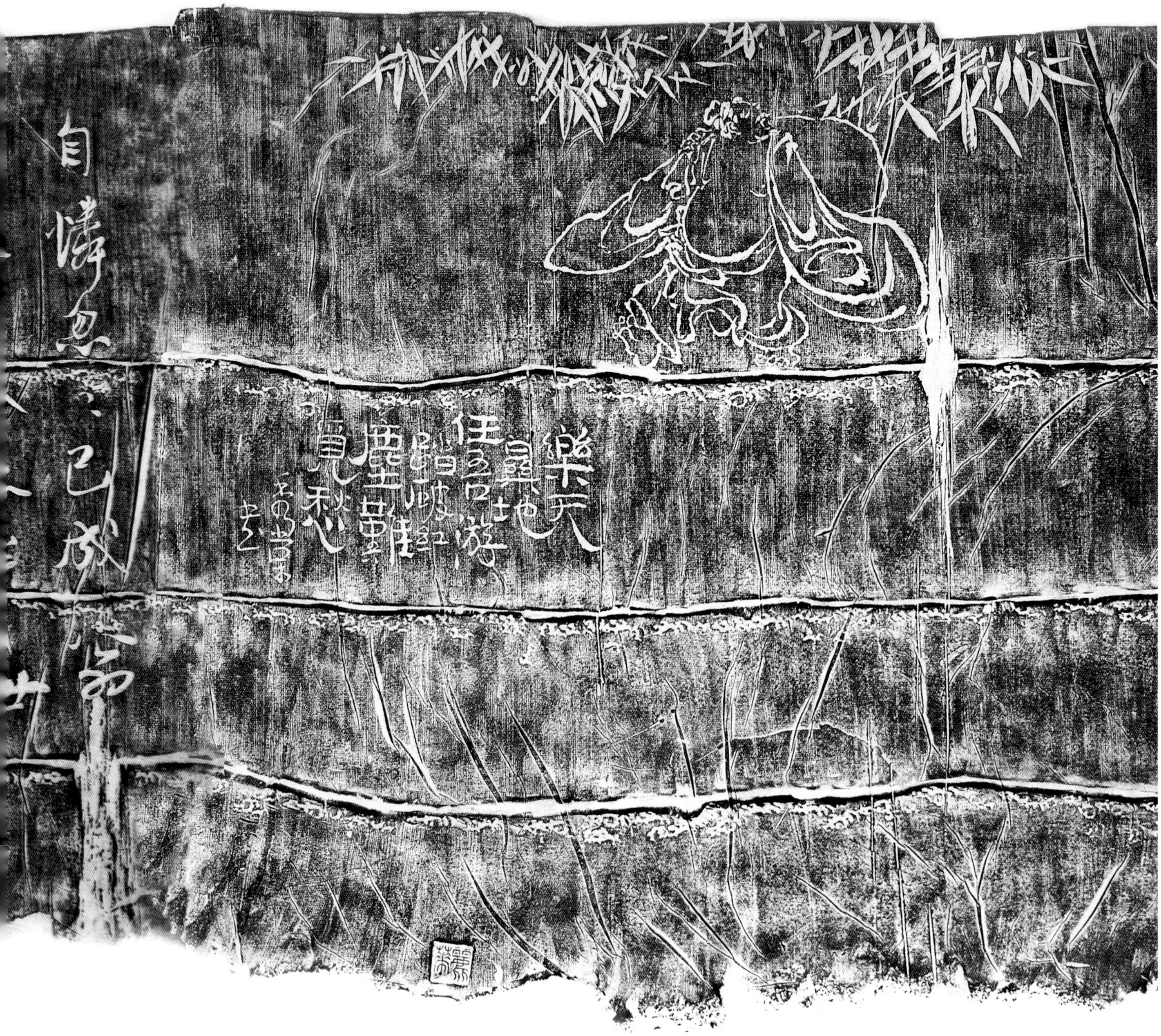

仿竹根大畫筒　徐秀棠

窮千里超上國百尺樓看夢四海淘如羊杜宇自旧耳長風一一窗眼孤鐘醉心耿夜方樽罍可酌春日太史笠翁七十自述

宜興的紫砂藝術

宜興紫砂，是中國傳統的茶文化和陶文化相結合的產物，是製陶工藝史上的一枝奇葩。據現代考古所得，宜興鼎蜀鎮〔一〕周圍有豐富的新石器時代以至於各代的陶器遺存，羊角山的發掘，更證實了從北宋中期一直到明初，已經開始用當地的紫砂製陶。

宜興歷來又是著名的產茶區，唐代詩人盧仝的名作《走筆謝孟諫議寄新茶》詩説：『天子須嘗陽羨茶，百草不敢先開花。』陽羨就是宜興的古稱，此詩下半部分描寫喝茶的豪興：

一碗喉吻潤。兩碗破孤悶。

三碗搜枯腸，唯有文字五千卷。

四碗發輕汗，平生不平事，盡向毛孔散。

五碗肌骨清。六碗通仙靈。

七碗吃不得也，唯覺兩腋習習清風生。〔二〕

這一段文字，已成爲描寫飲茶的千古名句，殊不知它恰好是描寫飲陽羨茶的，由此可見陽羨茶聲名之高。

宋代大詩人蘇東坡有寫煎茶的名詩《汲江煎茶》云：

【注释】

〔一〕鼎蜀鎮即丁蜀鎮，現兩種名稱通用。

〔二〕參見《全唐詩》卷三百八十八。

活水還須活火烹。自臨釣石取深清。
大瓢貯月歸春瓮，小勺分江入夜瓶。
雪乳已翻煎處脚，松風忽作瀉時聲。
枯腸未易禁三碗，坐聽荒城長短更。

此詩短短八句，把汲水煎茶到茶熟而飲，一直到茶後不眠，坐聽夜更種種情事，寫得生動逼真。東坡晚歲曾買田陽羨歸隱，至今宜興東坡書院還有東坡買田碑的石刻，昔年我去書院曾親見。現在宜興紫砂中流行的東坡提梁，雖并非東坡實迹，但也足見詩人見愛於茶鄉兼陶都的人們了。

以上種種，都説明宜興於陶、茶二事，是得天獨厚、淵源極深的。

我家鄉無錫與宜興緊鄰，近年宜興與無錫又合爲一市，多年來我常去宜興鼎山、庚桑、善卷、慕蠡諸洞，東氿、西氿水區，國山碑，周孝侯墓，蛟橋諸名迹，都曾尋訪。我十分欣賞陽羨山水，尤其是從宜興到鼎蜀鎮的一段，真是風景絡繹，如行山陰道上，據説南山深處茶區，風景更爲清絶，無怪乎宜興會成爲人文之鄉了。

宜興紫砂自明供春、時大彬以來，盛名不衰，供春壺我只看過顧景舟老先生的臨本，大彬壺則看過幾件，書載大彬壺初期題刻係用竹簽畫刻，我在故宫看到過這樣一件用竹簽題名的大彬壺，現在此壺還陳列在珍品展覽室，實爲罕見的珍品，但是否爲真品，也待確證。大彬以下各家，我雖未能盡閲，但大都是親眼見過的。紫砂之得享盛名，一是因爲宜興鼎蜀鎮的紫泥優質獨絶，冠甲天下，無與倫比；二是歷代以來，工藝相傳，青出於藍；三是與文人結合，一握紫泥，詩畫題刻，琳瑯滿目，雖黄金美玉，無以過也。因此數端，宜興紫砂至今見重於世，珍貴勝於翠玉。

當代的紫砂大師顧景舟先生，我與他論交已四十餘年，他的藝術，實在已臻紫砂的至高境界。論歷史，大彬、曼生等功不可没，論工藝，則今天已是後來居上，顧老先生早已度越前輩了。我曾有詩贈顧老云：

彈指論交四十年。紫泥一握玉生烟。
幾回夜雨烹春茗，話到滄桑欲曙天。

然而，并不僅僅顧老先生孤峰獨秀，與顧老同輩的蔣蓉，以花器馳名天下，其所作瓜果草蟲，傳神文筆，妙絶一時。而顧老的傳人高海庚、周桂珍、徐秀棠也都是一時俊才，還有汪寅仙、徐漢棠、李昌鴻、顧紹培等，如群星燦爛，輝耀陶都。其中尤以周桂珍的《曼生提梁》《井欄六方》《仿古如意》《僧帽》《追月》等壺，綫條端莊流暢，風格樸實凝重，呈現出大家風範，我也有詩贈云：

長空萬里一輪圓。憶得荆溪寒碧仙。

我欲乘風歸去也，庚桑洞外即藍田。

在紫砂雕塑中，徐秀棠天南獨秀，一時無雙。他的作品傳神寫意，别具風韵。他的羅漢、八怪諸塑，早已是馳名宇内、洛陽紙貴了。秀棠還能書能畫，他的刻尤爲精妙，我近年在宜興所寫茶壺，大部分是秀棠所刻，能與我的字妙合無間。我在壺上的書法也大抵借重他的刻，纔得傳神，所以我也有詩贈他：

秀出天南筆一支。千形百相有神思。

曹衣吴帶今何在？又見江東徐惠之。

今以顧老的聲望功力，秀棠、昌鴻諸君的才思，編此一部大書，自然聚百代壺珍於一集，晴窗展玩，衆美畢備，如對古賢，如接今秀，其樂爲何如也！因樂爲之序云爾。

一九九一年七月十八日於京華雨窗，

時蘇、錫、宜、常正在洪水包圍中

也，遥望南天，不勝神馳

記陶壺名家顧景舟

去年我到美國講學，參觀舊金山博物館時，看到展品中有兩件中國江蘇宜興的陶壺，其中一件標明是清代名手時大彬製的。我拍了照片回來，經宜興紫砂壺的老工藝師、著名的製壺名手、紫砂壺的鑒定專家顧景舟同志看後，指出它是贋品，他説時大彬很少做這種菊花形的壺。一件贋品尚且被陳列在舊金山的博物館裏，可見紫砂壺是如何地被人珍視了。

這種馳名中外、享有盛譽的藝術珍品紫砂陶歷史悠久。根據對古窑址的發掘，可追溯到北宋中葉，距今已有千年。製壺的能手，自明清以來，名家輩出，代不乏人。明代最著名的有供春、時大彬、李仲芳、徐友泉等；到了清代，又有陳鳴遠、項聖思、楊彭年、陳曼生、邵大亨等名手。他們製作的茗壺，在今日已經成爲稀世之珍，爲收藏家所寶藏。

我與顧景舟同志相識已經十多年了，他在紫砂工藝上的成就是卓越的，在國內和國際上早已享有盛名。一件蓋有他的圖章的紫砂壺，在國際市場上就會成爲巨富們爭奪的對象。景舟同志的作品所以能獲得這樣高的國際國內的聲譽，絶不是偶然的。他今年已經六十八歲，自幼就從事紫砂工藝，對紫砂工藝的全過程有十分精辟透徹的瞭解，精於鑒别古器，又工於造型設計。他分析品評傳品，往往片言中的，發人之所未發。我有兩件藏器，一直很珍視，也經幾位行家鑒定過，都是贊揚一通，稱兩壺不分高下，我也不清楚到底有没有高下之分，但經過景舟同志的法眼，他一下就指出了兩個壺時代的先後，特别指出其中一壺在造型上的不足之處，而另一壺則骨肉亭匀、穩重沉静雅致，弧綫正反的結合十分諧和清秀，壺把和壺嘴自然渾成而又藏巧於拙，不見刻鑿痕迹。景舟同志對一件舊壺的分析評論，實際上反映了他對紫砂壺的全面而深厚的美學修養，這是與他具有很高的書、畫、金石、文物覽賞的修養分不開的。他與海內許多著名書畫家都有很深的交往。前面提到的明代的製壺名家時大彬，他的原作目前國內只有一件，而這一件珍品，是一九七五年在江蘇江都縣丁溝公社的一個明代萬曆四十四年（一六一六）的墓葬中出土的，當時認爲是一把普通壺。顧景舟同志聞訊後騎了四十里路的自行車趕到丁溝，對這件茗壺做了十分精確的鑒定，指出它確是大彬壺無疑。不久前，我國著名的陶瓷專家馮先銘也明確地指出，國內真正可信的大彬壺，就只這一件，可見景舟同志鑒别之精。

五十多年來，景舟同志創作了數十種壺型，他善製素面光身，不事堆雕。實際上製壺藝術中，素面最難，因爲它全身綫條畢露，既無假借，亦無藏躲，完全靠造型美、綫條美、色調美來抓住觀衆。所以一件素面壺，一入鑒賞家的眼睛，就好壞立見。其精者，就如二王的書法，耐人尋味；其俗者，往往搔首弄姿，反而不成姿態。當然，我絶没有輕視『花貨』（以堆雕捏塑手法摹擬自然形態的器形）和『筋囊貨』（壺身處理成有規則的曲直綫條紋，如花瓣樣筋囊器形）的意思，這兩種壺形及其製作手法，也自有它們的獨到之處，所謂各有所長，不能相輕也。

一件佳壺，往往要形神兼備。所謂『形』，當然就是指造型、綫條；所謂『神』，就是通過結構勻稱、綫條流暢簡潔、製作精巧、色澤沉静幽秀等各個方面綜合形成的一種藝術氣質、藝術風格，它往往能引人入勝，叫人入眼難忘。景舟同志的作品，就能够做到形神兼備，令人看後不能忘懷。

景舟同志幾十年間帶了二十多個徒弟，其中水平較高的有十多人，現任紫砂陶廠的副廠長高海庚就是景舟同志最得意的傳人，他繼承了景舟同志的技法，設計和製作也能一絲不苟，而且亦能自出新意，創製佳作。景舟同志説，二十七年來，像小高這樣特别拔尖的人只有一兩個，可見人才之難。然而，我們畢竟已經有了一批紫砂特種工藝的優秀傳人了，這是值得慶賀的事。

一九八二年十月四日於北京

工極而韵　紫玉蘊光

——記周桂珍大師的紫砂藝術

我是五十年代初認識顧景舟先生的，那時我在無錫工作，離宜興很近，顧先生有幾方紫砂壺上的印章，是我的老友高石農刻的，因此我們很早就認識了。

一九五四年我到了北京，我與顧老見面的機會就相對地少了，但我每次回家，也經常抽空去看他。

到七十年代末和八十年代初，紫砂的情況大有發展，紫砂一廠常到北京來開展覽會，顧老差不多每次都來，這樣我們見面的機會又增多了。一九八二年九月，顧老又到北京來開展覽會，九月二十五日晚上，他特地陪同他的學生紫砂一廠的廠長高海庚來看我。他鄭重地向我介紹，説海庚是他最得意的徒弟，他的藝術和技術，都已傳給海庚了，他完全能繼承顧老的傳統且會有更大的發展。説着他就讓海庚把新做的一把集玉壺拿出來送我，并對這把新作給予了很高的評價。言下，顧老洋溢着對他這位得意門生的無限深情。海庚與我的正式訂交當以這一晚始，雖然以前曾多次在展覽會上見過，但都未及細叙。那天晚上，海庚帶了一架相機，是拍快片的，拍完即可顯影，我們三人一起拍了一張照，作爲這次良晤的紀念，顧老在照片上親自題記説：

一九八二年九月廿五夜拜訪其庸先生，在瓜飯樓書齋合攝此影留念。

弟顧景洲、高海庚

這是一幀十分珍貴的具有紀念意義的照片，照片上顧老正在與我講這把集玉壺。過了一些時候，可能是第二年了，海庚又來北京，又來看我，那次談得較久，他拿出一把紅泥小方壺送我，説是他夫人周桂珍的作品。我看這把壺，做得十分工細精緻，而造型綫條乾净利索，落落大方，有一股渾樸的氣息和大家的風度，真是出手不凡，我當時眼睛爲之一亮。我把它與海庚的集玉放在一起，真是珠聯璧合。海庚的集玉，是集古玉器的精華。我國是一個玉器大國，史學家認爲在青銅時代以前，還有一個玉器時代，這是很有道理的見解。我曾到杭州良渚文化的遺址現場調查過，在倉庫裏看到大批新出土的古玉器，後來還看到了那件玉琮王。那批古玉器，不僅工藝精湛（用什麽工具至今還是一個謎），而且發出一種純净而內蘊的幽光，令人心醉神迷。海庚的這件集玉，真是得古玉琮的神韻，而又變化創新。古玉琮是外方內圓，琮身束以多層平行的綫條，或凸或凹，參互變化。集玉則是取其內圓作外部造型而用凸凹雙綫平行束腰，流與把，皆取平面直綫，并飾以夔龍紋；壺蓋則取平嵌，初看只見一道道圓綫，真如玉器上的凹綫；壺摘，細看是長虹吸水的一條小夔龍，并配以小圓環，在嚴整中又增加了動感。所以這件集玉，真正是聚古玉之精華，只要長久使用，壺身便會發出紫玉的幽光，到那時的觀感，真就會像是一件形神兼備的古玉了。周桂珍的紅泥小方壺，造型取圓角方柱形，把與流，都用小曲綫，則使整飾的壺身主體，增加了綫條的變化，增加了動感，使這件作品於嚴謹中寓流動，於端莊中富生氣，而上端圓蓋上又飾以橋形蓋紐，形成方圓互濟。而通體壺身的綫條，簡净明快，純樸而舒暢，真可說是一件『豪華落盡見真醇』的佳作。以上兩件作品給我的印象實在太深了。雖然時間已整整過了二十年，可一想起當時的情景，都宛然如在目前。

不料海庚突然於一九八五年十二月十二日患急病去世了，我一點也不知道，只是奇怪我寫給他的信毫無回信。大約是一九八六年春末或夏初，我回到了無錫，晚間，朋友們宴請我，非常熱烈；有人問我：明天怎麼安排？我說：明天去宜興看高廠長。他問：是哪一個高廠長？我說當然是一廠的高海庚廠長了。他馬上說：高廠長去世已經很久了，你怎麼不知道！我驟聽之下，大吃一驚，心裏非常難過，酒也不想喝了，就草草散席，回到住處，反復不能入睡，就寫了一首悼念海庚的詩：

哭高海庚

一春未得君消息，惡耗初聞涕滿裳。
停箸凄然難下咽，爲君雙泪落深觴。

第二天，我到了丁山，到了海庚的家裏，見到了周桂珍，她告訴我海庚的急病，在宜興鄉下無法搶救，送到醫院已來不及了，她遭此突如其來的打擊，日坐愁城，不知如何是好。當時她擔子很重，孩子還在讀書，我也不敢把這首詩念給她聽，怕增加她的悲傷。

最後，我安慰她說，眼前的困難，只能靠你的雙手來解決，你有這麼高的紫砂藝術，一定能打開局面。當時的紫砂市場很亂，創作上怪異百出，名曰創新，實則獵奇。周桂珍最早是從王寅春先生學藝，學的是傳統工藝，後來一直跟顧老學習，更是傳統中的純正者。所以她學藝的底子扎實，我主張她走傳統工藝的路子，這是一條常走常新的康莊大道。其實，按周桂珍的藝術功底和形成的審美趣味，也必然是傳統工藝的路子。何況當時顧老還健在，還天天創作，還能不斷地得到指導，正是典型猶存，因此并不需要我的提議，她自己必然是走傳統的路子的。當時我們就決定合作。說『合作』只不過是我幫她在壺上題一點字，作爲裝飾而已，有時壺底也蓋上我的『瓜飯樓』的圖章。我的題字對她的壺當然起不了多大的作用，關鍵是她的功力深厚，藝術審美的感覺好，素質高，領悟快而深，所以她的作品，出手不凡，一開始就是大家的風範。

從一九八六年到一九九六年，這十年，是周桂珍最艱難的十年，但也是她藝術上拼搏猛進，創造了許多奇迹的十年。在這段時間裏，她創作了大量的精品，從而奠定了她在當代紫砂事業上的崇高地位和砂壺藏家對她牢不可破的信心。她的壺在國際市場上的地位永遠是穩定的，不管國際市場如何起落，她的壺始終受到藏家的珍視。這裏没有任何操作的因素，完全是由於她嚴謹的創作態度、不斷變化前進的高超的技術和藝術，以及她對收藏者的强烈的責任感。

這十年中她創作的名壺，我無法統計，恐怕連她自己也統計不確切，因爲她的壺只要一燒好，就得出手，連想從容地拍個照片的時間都没有。從此中國臺灣、中國香港以及日本、東南亞，如一串脱綫的珍珠，星散出去，天各一方，如何去統計呢？在我的印象裏，少説些至少也有幾十把。如那把大曼生提梁，不僅體形大，更重要的是結構穩重，壺身與提梁各半，而以梯形向上，如果依提梁虚綫向上，你可以想象出一座小小的金字塔。因爲這個梯形的造型，就顯得格外端莊凝重，加上通體簡單明快的綫條，使人感到落落大方，樸而不華，簡而有韵。再如她的六方井欄壺，也是采取直綫梯形，因爲斜度比曼生壺大，加上把和流，就别具另一種風韵，特别是壺嘴的下唇稍稍内扣，頓時在渾身的静穆中微現出一絲情趣，有如一尊莊嚴的古佛，在嘴角上終於透露出一絲内心的活動。這把壺我曾使用過很長時間，有一次，我在沏上滚水以後無意中將壺蓋一提，竟連壺身也提了起來。古人評壺，這是重要的一條，我初以爲是過甚其辭，經此壺，我方信確有其事。當然這不可能每回都能這樣，這必須機緣凑合，纔能出此奇迹。但反過來説，如果工藝達不到這種高超的水平，那就不可能有什麽機緣凑合的問題。我還看過一把她做的梅花提梁，也是手法簡净而神韵獨富。壺身是扁圓形，壺的右側伸出一枝梅幹，左彎形成提梁，而梅梢貼於壺身，枝梢新梅綻開，朵朵飽滿，壺嘴是一枝梅幹，與提梁相呼應。這把壺的手法，與周桂珍平時以光素綫條爲勝場相反，似可歸入花貨一類，但壺身扁圓形，光潔而瑩潤，綫條流暢自然，仍顯示出她光素壺的功力和特色，而那枝老梅的雕塑，工寫結合，形神兼備，特别是那一朵朵綻開的梅花，飽滿得像有水分在流淌，令人感到整個壺都充滿着勃勃生機，真是一壺在手，興味無窮。

一九九六年到現在，這五年間，周桂珍又實現了她的特大飛躍。她創作了《掇圓壺》《半月壺》《如意壺》《登柏壽壺》《大之泉壺》等名作。《掇圓壺》創作出來後，隨即被臺灣客商買走，這位藏家對這把壺視同珍寶，但可惜没過多久就被竊走，致使這位藏家日夜思念，請求周桂珍爲他重做。她的大之泉壺原是高海庚的設計，但一直未投入創作，在海庚去世十多年後，周桂珍完成了這把壺的創作，這是一把具有特殊意義的壺，它既是與海庚合作的繼續，而在藝術上，更具有大膽創新的意義。壺身采取『之』字形，這已經頗新奇别致了，更妙的是壺身外觀是一股涌泉，泉浪末梢倒捲成壺把。自壺嘴到壺把的一條大斜綫，統貫全局，令人感到此壺大氣磅礴，一氣呵成，壺嘴壺身壺把渾然一體，無雕琢氣，無匠氣，綫條運用得如此大膽，顯得如此奔放流暢，實在令人稱奇！這把壺從工藝上來説，是極其工整嚴謹的，没有絕頂的功力是做不出來的，但從風格上來説，又是富有浪漫主義精神的，是奔放的而不是拘謹的，所以這把壺是嚴謹與奔放相結合，静穆與抒情相結合的無上妙品，是不可多得的杰作。這把壺本身，也説明了周桂珍的藝術特色和藝術素質、藝術風格。

我分析周桂珍的藝術，具有最明顯的兩個特色，一個是扎實的功力，嚴謹的製作，她可以細到毫巔，嚴到極處。這一方面，可以説她是接受了顧景舟大師的真傳；但另一方面，她的藝術，又有以往的紫砂藝人所少有的自由氣息，她既可以嚴守繩墨，又可以不守繩墨。她的嚴守繩墨是因爲藝術的需要，她的不守繩墨也是爲的藝術的需要，爲的是要突破常規，獨闢新徑。由於前者，她可能無愧於稱是顧老的嫡派傳人，由於後者，她又可以説是顧老藝術的發展、創新、突破，最後達到超越。顧老曾經深情地對我説，將來能够繼承并超越他的是他的得意門生高海庚，他還説他的藝術已經全部傳給海庚了。這是一九八二年九月二十五日夜在我的書齋裏對我説的，同時在的還有海庚。没有想到海庚不幸早逝，而顧老這一願望，竟讓周桂珍來實現了，這是海庚之幸，更是顧老之幸！周桂珍可以説是無負於顧老，無負於海庚！

桂珍的這把《之泉壺》，是她藝術上的一次特大飛躍，她的豐富的藝術創造力借着這把壺的創作不可遏止地涌現出來了，這將使她一發而不可收。果然，前不久，她又創造了一個奇迹，實現了又一次的飛躍。這就是這把《玉匏提梁壺》的創作。

這把《玉匏提梁壺》的造型取自然形態的大葫蘆，但又不是像生的寫實手法，而是把自然形態的東西藝術創作成爲一件真正的藝術品。這件作品壺身豐碩飽滿，提梁取三叉形藤蔓，而又不是純自然形態。它的加工手法與壺身一致，壺蓋取葫蘆頂部平剖，壺摘即取葫蘆的蒂蔓，壺嘴微彎，如一截短藤。綜觀整體，造型在似真非真之間，使你一眼就可以感覺到這是一個大葫蘆的造型，但又覺得這是一件藝術品而不是真正的葫蘆，而且作者也并無心於刻意摹真。正是由於這些匠心獨運的手法和藝術處理，纔使這件作品達到了形神兼備的藝術妙境。做這種藤蔓三叉的提梁，前人早已有過，如清咸豐年間的《葫瓢提梁壺》，款署『曼陀華館』，就是一件類似的作品，但它未能解决好形似與神似的問題，致在壺身、壺蓋、提梁與壺嘴的處理上，都不能達到和諧統一，形神兼似。周桂珍的這件作品，不僅造型上的美觀適度，而且製作藝術上也是既嚴謹而又簡潔，工細到讓你感覺不出它的工細，所謂『大匠不雕』，正是這種風度。

藝術的最高境界是在神韵，書畫藝術是如此，紫砂藝術也是如此。周桂珍的藝術的最突出處，就在『工極而韵，紫玉蕴光』，就在讓你得味外之味，意外之意！就在讓你感到她的作品百看不厭，就在讓你感到她的作品有無盡的内涵！

二〇〇一年三月十一日寫於且住草堂

走在世紀前列的藝術家

——記紫砂工藝大師徐秀棠

我與秀棠同志相交已三十多年，那時顧景舟大師還很健，我雖然不懂紫砂，但在他們的熏陶下，耳濡目染，也增加了不少知識和興趣。特别是對秀棠同志，因爲接觸多了，認識也逐步加深了。

秀棠的紫砂藝術，我認爲可以概括爲三絶：一是紫砂人物雕塑的一絶。在紫砂的歷史上，過去雖然曾有個别的紫砂藝人做過人物雕塑的嘗試，但那不過是偶一爲之，游戲筆墨，在他本人也只是即興之作，未作爲他的專攻，更不是代表作。在紫砂藝術的歷史上，繼承中國的傳統雕塑而成爲一絶的，史無前例，有之則是從徐秀棠開始。而且他一躍而爲紫砂人物雕塑的大師，其所塑的人物形象，確實栩栩如生，形神兼備。例如他所塑的《供春像》，樸素真實而傳神。傳供春是吴頤山的書僮，寓居金沙寺，仿老僧製陶之藝，遂始作壺。作者根據這一歷史記載，精心構思，讓供春這個書僮栩栩如生地活了起來。這個書僮，稚氣而又靈氣，再加幾分淘氣，這就緊扣住了這個『僮』字，但他是讀書人的書僮，所以纔會與『茶』字連起來。從體形上來看，完全是一個壯實而尚未成年人的形象，而他的神態，是在全神貫注地仔細揣摩他新捏出來的這個新鮮事物——茶壺，而且是在池邊的石柱上而不是在房間裏，這點明了他是一時心血來潮，心有感悟，纔試而爲之。所以僅僅一個供春，把他全部應有的生活實感和歷史實感都有效地呈現出來了。再如他的《蕭翼賺蘭亭》，更是一件杰作。從兩個人的位置上，辨才是主，坐於左邊主位，視覺上略高於蕭翼；右邊的蕭翼是客，坐於右邊的客位，蕭翼是懷着算計辨才的鬼胎而來的，形象略瘦小而稍低，側身，斜視。從這兩個人的取勢來看，就顯出辨才的坦蕩真誠和蕭翼的猥瑣陰賊，僞裝謙誠。特别是他的眼神斜視，充分揭示了他的窺測心理。這一件雕塑，不僅布局取勢好，人物造型好，更妙在神情的交流和對比。秀棠還有《飲中八仙歌》的雕塑，也是一個系列杰作，詩意盎然且神態各異，真是各極其妙。此外他的佛像雕塑，吸取了歷代佛教雕塑的精華。佛像的造型，着重於莊嚴静穆、一片真如，而慈情善念，流布無極。所以他的佛像雕塑，深得行家的崇高評價。此爲秀棠的第一絶。

秀棠的第二絶，是寫真雕塑。這種寫真雕塑，在以往的紫砂藝術裏，也是有過的，我曾見過若干種，如花生、荸薺、茄子、竹笋之類，也能刻畫得惟妙惟肖。但秀棠的寫真，又有了飛躍性的發展。收在顧景舟大師主編的《宜興紫砂珍賞》這本巨册裏的秀棠與他女兒徐徐合作的寫真作品，完全是摹擬活的對象，如螃蟹、龜鱉、黑魚、蚌、螺螄等，簡直件件可以亂真，真是活靈活現。如果把這些東西放在水盆裏，讓人來看，假如不事先告訴他，他肯定以爲是養在水裏活的魚、蟹等物。寫生到這等境界，我只能説嘆爲觀止了！這是秀棠的第二絶。

秀棠的第三絶，是他的紫砂刻字。紫砂刻字，原本是司空見慣，差不多自有紫砂壺藝術以來，就開始有刻字了。起先是名款，後來則發展到題銘。特别是時大彬、陳鳴遠以後，到了陳曼生的時代，壺上題刻，更成一時風尚。但這種佳刻，并不是容易做到的，代不過幾人而已！然而，秀棠的紫砂刻字，能與原書不差分毫，妙得原書的神理。這一點我不是聽人介紹，而是親身體驗。大約在十幾二十年前，我常去宜興丁山，與顧老、海庚游，也經常與秀棠在一起，有時興到，就爲他們的作品題寫，題得最多的是周桂珍的作品。而桂珍的壺，題完後，總是請秀棠刻。後來，只要是我寫的壺，差不多都是由秀棠刻成。現在收在《宜興紫砂珍賞》裏的周桂珍的五件作品，全是我題寫後由秀棠刻成的，我深深感到他的刀與我的筆，簡直合而爲一了！這些字，填墨以後，讓人初一看，簡直不是刻出來的，而是剛剛用毛筆寫成的，這真是令我嘆賞不已！他并不是僅僅刻我的字是如此，可以説，他的刀能隨物賦形，跟着你的筆路走，不差分毫。這種傳神妙筆，當然也是他的一絶，求之當世是不可多得的。

秀棠以上這三絶，既是技術，更是藝術。

但秀棠更重要的還不在於此，而是他本人就是一個文化人，他能著書作文，他能書善畫，他對現代的藝術能悟能化，對現代最先進的文化思潮有能力把握，從而脱穎而出，跳出了紫砂藝人的舊樊籬，成爲既有深厚的傳統藝術文化的修養、訓練，又能吸取時代精神而創造嶄新的紫砂藝術的一代紫砂工藝大師！

任何藝術都是隨着時代前進的，紫砂也不例外。但任何藝術的前進，都是以既有的藝術傳統爲基礎的，没有這個基礎，他就失去了前進的立足點。秀棠之所以如此突出，他的傳統的基礎堅實，這是非常重要的一面；但另一個重要面，是他的思想開放，能及時吸取并消化時代文化思潮的精華，轉而化生出新的符合時代要求的藝術杰作；而這後一點，恰恰并不是人人都能做到的！

二〇〇〇年十月八日夜　十二時於京東且住草堂

清水出芙蓉　天然去雕飾

——記青年陶藝家高振宇

最近看了青年陶藝家高振宇的陶瓷創作，一個突出的印象，是充滿着青春的旋律。

高振宇的陶瓷藝術品給我第一個直觀感覺，就是各種器皿的造型都非常流動舒暢，造型綫條的運用，達到了接近完美的境界。任何一件器皿，只要你的目光接觸到它，就會隨着它周身的綫條而圓轉自如，沒有窒礙。器形則單純樸素而富有大家氣，絶無雕琢感。可見作者追求的是渾成自然的美，而不纖細和雕琢。『鏤冰文章費工巧』，那種完全多餘的雕琢，與作者是絶緣的。

我的第二個直觀的感覺，就是作品周身的水理紋，流暢舒展，自然悠閑。看着這許多有規律、有節奏的綫條，使我眼前展現出一片太湖浩渺、碧波萬頃的廣闊氣象。

我的第三個直觀的感覺，就是這許多影青瓷的釉色，青而潤、緑而嫩，充滿着青春的活力和朝氣，使你感到特別親切。看了這許多作品，我的腦子裏很自然地跳出了六朝時大賦家江淹《别賦》的名句：『春草碧色，春水渌波。送君南浦，傷如之何！』首兩句拿來形容高振宇的釉色，我覺得是自然而貼切的。末後一句，時代不同了，但如果將一個『傷』字改作『歡』字，就完全切合現實了。

高振宇的影青瓷，造型、紋飾、釉色三者自然和諧地統一於一體，令人感到是一件件完美的藝術品。

高振宇有一件影青瓷三足盤，其色如雨後青山，翠色欲滴，充滿着生機，釉下仿佛有生命之液在流動。我給它取名叫『雨後青』。這個盤子如果盛上晶紅的櫻桃、楊梅，或者大紅西瓜、荔枝、紅菱等，那真是别有風味了！

高振宇的作品，不僅僅是這一類充滿生機、清淡雅致的影青水理紋器皿，他還有沉穩樸厚的作品。我見過他一件大圈足盤，乳白釉，醬色邊緣。乍一看，以爲是件宋瓷，仔細品鑒，纔看出是新作，而其風格之沉穩，釉色之老到，讓人一眼就愛不忍釋。我還看過他幾件黑釉罐，器形鼓腹豐肩窄口，釉色黑而潤，烏而韵，乍一看，簡直是上等遼瓷，仔細鑒賞，纔看出是新作。

高振宇除了以上幾類瓷器外，他還製作過一批陶器。這些陶器，其造型就很新奇别致而又樸實可親。我敢説，這是陶器史上前無古人之作，也可説是陶器的革新。就我個人的喜愛來説，我喜愛這類陶器，絶對不亞於他的青瓷和黑釉。

年輕的高振宇取得這樣的成就并不是偶然的，除了他留學日本專攻陶瓷外，更重要的是出身於陶瓷世家。他的父親高海庚、母親周桂珍和岳父徐秀棠都是當代的陶瓷大師，他的夫人徐徐與他一起留學日本，也是青年陶藝家，他的老師是赫赫有名的紫砂大師顧景舟，所以他是名副其實的陶瓷世家。他從小受過嚴格的訓練和家庭的熏陶，而他又有志於陶瓷事業。他對事業有崇高的愛心。他熱愛泥土，把泥土當作自己的親人和摯友，做不好瓷器，他覺得對不起泥土。他有一樁宏願，他發願要把日用的陶瓷器，提高它的文化品位和藝術性，讓人們日常運用這些日用陶瓷時如同與親人在一起，如同天天看到自己賞心悦目的事物。他還認爲真正的藝術品都是樸素大方而平易近人的。他不贊成過分的雕琢。

對於高振宇的這些見解，我非常欣賞和贊成。藝術首先應該屬於人民的，因而它應該是質樸而平易的。古人説『清水出芙蓉，天然去雕飾』，又説『大匠不雕』。藝術而能做到不雕，這一要有很高的文化素養，很高的藝術鑒賞眼光，更要有很高的藝術理想。一句話，首先要眼高纔能手高。古人云：粗服亂頭，不掩國色。首先要有識别國色的眼力，纔能於粗服亂頭中發現國色。如果他只是以塗脂抹粉爲美，那麽他看到了粗服亂頭的國色，也只能見其粗服亂頭而不能見其國色了。其實，藝術要做到不雕，是最最困難的。這是一種最高的境界。比如説，用塗脂抹粉來裝點出美來，總是比較容易的，要不施脂粉而顯出美來，這就不是容易做到的了。

我看高振宇的陶瓷藝術，他所追求的是『天然去雕飾』的美，是自然的美、大器的美，是與大自然融合的美，而不僅僅是外形上雕繪的美。

讓藝術回歸到生活，讓生活與藝術結合，這既是一種樸實的理想，也是一種崇高的理想。從藝術的成長和發展來看，藝術本來就是來源於生活的，所以高振宇要把日用陶瓷藝術化，這個主張是完全正確的，它符合陶瓷藝術的發展規律。

高振宇在陶瓷藝術上還有一個過人之處，就是他熟悉陶瓷藝術的全部工序，從和泥拉坯製作成形一直到燒製成品，共二十幾道工序，他全部能熟練操作，而且他的每一件作品也都是經他親手一個一個工序過來的，這就非常難能可貴了。據我所知，現代的陶藝家真能熟練操作此全過程的，恐怕爲數不多，但這是一個真正的陶藝家最基本的功夫，其後來藝術潜力的發揮與此是大有關係的。

我看高振宇的陶瓷製作，其藝術道路艱難而純正，其藝術理想博大而深遠，其作品的風格高雅，氣息自然渾成，是一種大家氣派，而他創作的領域又很寬廣。可以預見，他在中國的陶瓷事業上，是會做出突出的貢獻的。

一九九七年七月三十一日於瓜飯樓

紫砂詩録

我與紫砂結緣，已經快近七十年了，老一代的紫砂大師都是我的好友和熟人；中年一代的，也有多位是我的朋友。我曾爲他們寫過一些詩，現趁這本紫砂的結集，我把這些詩録下，以作永久的紀念：

贈顧景舟大師　兩首

彈指論交四十年。紫泥一握玉生烟。
幾回夜雨烹春茗，話到滄桑欲曙天。

百代壺公第一流。荆溪夜月憶當頭。
何時乞得曼生筆，細雨春寒上小舟。

贈周桂珍大師　三首

長空萬里一輪圓。憶得荆溪寒碧仙。
我欲乘風歸去也，庚桑洞外即藍田。

絶藝天工繼顧公。人間贏得兩師雄。〔一〕
寒梅歷盡千千劫，一點丹心更不同。

【注釋】

〔一〕賀周桂珍榮獲雙大師之稱。

壺緣卅載結芳鄰。摶埴聲聲月下聞。
難得一門皆俊杰，顧翁含笑有傳人。

贈徐秀棠大師

秀出天南筆一支。千形百相有神思。
曹衣吴帶今何在？又見江東徐惠之。

題高振宇作紫砂陶牛　有序

六十年前，予年十三，住浮舟村外父家，日牧牛而挂角讀書、詩，今忽忽已白髮滿頭，見此觳觫，不覺童稚情親也。
挂角春風六十年。相逢我已盡華巔。
願君昂首奮長足，邁步新開大道前。

題高振宇作雨後青瓷瓶

雨後青山别樣妍。緑波春草出天然。
江南萬頃蠡湖水，引入書窗作小旋。

題高振宇蓮花影青盤

青如碧玉緑如波。南浦送君意若何。
更愛遠山眉黛碧，教人那不憐翠螺。

題《宜興紫砂》圖册　二首

天下名壺第一流。曼生老供顧景舟。
世間尤物真難得，一卷晴窗眼底收。
我到荆溪第幾回。論壺常共顧翁杯。
江山代有才人出，又見群英濟濟來。

以上是我題贈紫砂友人的詩，還有一首哭紫砂一廠廠長老友高海庚的詩，也一并録在這裏，作爲對他的永久的紀念：

哭高海庚

一春未得君消息，噩耗初聞涕滿裳。
停箸凄然難下咽，爲君雙泪落深觴。

這首詩是寫一九八六年我回到無錫，家鄉的朋友宴請我，席間初聞海庚去世已將半年的消息，我爲之落泪，立即停觴罷宴的情景。

我與紫砂結了半世以上的情緣，以上這些詩，就是我的紫砂情緣的記録。紫砂是一千度以上高温燒製成的千年不敗之器，我希望我的紫砂情緣和記録這些情緣的詩也是如此！

二〇一四年二月十四日，舊曆元宵之夕，寫於纏枝古梅草堂，時年九十又二

後記

我與紫砂藝術家的交往，從我還在家鄉無錫時算起，至今已有六十多年了。我現今還藏有一把紫砂廠合作社時期的作品，那時『左』的風氣說來令人難以置信，那時紫砂壺上不准署個人的名字或印章，哪怕你是大名鼎鼎的人物，也不准留名。做完後，壺底只准蓋『中國宜興』一個公章，其他位置，都不准有個人的印記。二十世紀五十年代我到宜興去，買了一把綫圓壺，就是這樣的作品，我一直用它泡茶，有一次，周桂珍來看到了這把壺，她說這是五十年代名家的作品，那時不准署名，哪怕是最有名的高手，也不准用私章。那是提倡無名氏的時代，有了個人名字，就是個人突出，就是個人主義。所以這把壺儘管是名家作品，但也只准蓋『中國宜興』一枚公章。這把壺總算被我保存了七十年，可以作爲時代的見證。

這本書裏收的一些紫砂名作，還有一些要向讀者說明的，我那把曼生壺，壺蓋上的款爲『維松』。顧景舟曾說過，這把壺不是楊彭年做的，比楊彭年的好得多。當時他未說下去，後來知道，當時爲陳曼生製壺的，并非只有楊彭年一人，故顧老的意思是說這是另一位比楊彭年水平更高的人爲陳曼生做的。但『維松』是何人，我一直未能考查出來。

我另有一把綫圓壺，是汪寶根的杰作。據說汪寶根製壺，自守極嚴，凡做得不滿意的，寧可把它毁了，也不讓傳世。我藏的這把壺，曾經名家品評，均推爲典範之作。還有一把馮桂林的菱花壺，其花瓣上下綫條準確，無絲毫差錯。最近，有友人用相機拍攝放大，其上下綫條凹凸交錯，儘管一小半在壺蓋上，一大半在壺身上，而壺蓋圓轉自如，停下來依然上下綫條只是一根綫，分不出上下截。這種手工的絶藝，允稱絶活，所以我一直珍藏着它。

從當代的紫砂大師中，我極賞周桂珍，前面序言裏提到她給我做特大曼生提梁，當時共做了三把，一把爲南京博物院收藏，一把爲我收藏。當時正值我於一九八四年十二月末，奉國務院外交部、文化部之特派，去蘇聯列寧格勒（今稱聖彼得堡）鑒定《石頭記》抄本，擔任專家組組長和中方發言人，蘇聯的《石頭記》抄本經過我們鑒定後，由我代表鑒定組做了結論性的發言，肯定了這個抄本，因此與蘇方達成了聯合出版協議。李一氓先生是全面策成此事者，蘇、我兩方聯合出版協議的簽訂，實際上是重開了中蘇政治對話的新局面。李一氓先生爲此大喜，寫詩贈我和李侃、周汝昌（後二位是小組成員）三人，詩云：『泪墨淋漓假亦真。紅樓夢覺過來人。瓦燈殘醉傳雙玉，鼓擔新鈔叫九城。價重一時傾域外，冰封萬里識家門。老夫無意評脂硯，先告西山黄葉村。』我收到李老給我親筆手書的詩稿後，立即次其原韵，敬賀一首。詩云：

『世事從來假复真。大千俱是夢中人。一鐙如豆抛紅泪，百口飄零繫紫城。寶玉通靈歸故國，奇書不脛出都門。小生也是多情者，白酒三杯吊舊村。』此詩隨即抄奉李一氓先生。這時，恰好周桂珍製成此特大曼生提梁，而且兩把已訂出，我正在此時到宜興，幸運地得了最後一把。我立即把我奉和李一氓老的上述七律，寫在了壺上，由秀棠爲我刻寫。此事一時傳爲紫砂佳話。實際上這壺上還銘刻着一段當時中蘇復交的友好史話。

這把壺在京展出過，凡見到的人，無不高度稱贊周桂珍的壺藝和徐秀棠的刻工。以上一段特殊内情，我從未公布過。今已事過三十年，李一氓老及其他兩位俱已作古，就連當時蘇方主要參加談判的李福清、孟列夫也已作古。我趁此書之出，特將這一段紫砂佳話公之於衆，藉以懷念故去的諸友和李一氓老。

本書除序跋及所附詩、文爲我所作外，有關紫砂壺的作者、刻者、壺件的評析等文字均爲我的助手高海英廣集前人資料所作。所以，特此説明并致謝。

二〇一三年十二月十五日夜於瓜飯樓，時年九十又一